Ida Brandner

Mutter. Liebe?

Ida Brandner

Mutter. Liebe?

Der Liebe zum Kind auf die Sprünge helfen

Impressum

FSC
www.fsc.org
MIX
Papier aus ver-
antwortungsvollen
Quellen
Paper from
responsible sources
FSC® C105338

Bibliografische Information der Deutschen Nationalbibliothek: Die Deutsche Nationalbibliothek verzeichnet diese Publikation in der Deutschen Nationalbibliografie; detaillierte bibliografische Daten sind im Internet über http://dnb.dnb.de abrufbar.
© 2023 Ida Brandner

Herstellung und Verlag: BoD – Books on Demand, Norderstedt
ISBN: 978-3-756887262

INHALT

EINLEITUNG

Mutterliebe? Ist doch selbstverständlich!
Warum sollte sie nicht selbstverständlich sein?

In unserer Gesellschaft gilt Muttersein als das höchste Glück. Ebenso selbstverständlich wird angenommen, dass jede Mutter ihr Kind bedingungslos liebt.
Warum eigentlich nur die Mütter?

Wenn wir anfangen, das Muttersein zu hinterfragen, stellen wir fest, dass manche Annahmen nicht auf alle Mütter zutreffen.
Mutter geworden zu sein und dies zu bedauern, ist bei uns ein Tabubruch. Die Studie „regretting motherhood" (deutsch: Bedauern der Mutterschaft) der Israelin Orna Donath aus dem Jahr 2015 enttabuisiert die Annahme, dass eine Mutter immer glücklich ist, ein Kind zu haben. Wenn die befragten Mütter die Zeit zurückdrehen könnten, würden sie sich mit dem heutigen Wissen gegen ein Kind entscheiden. Sie fühlen sich in der Mutterrolle gefangen, geben jedoch an, ihr Kind zu lieben. Eine Freundin flüsterte mir, als ihr Sohn ein halbes Jahr alt war und wir in einem Café saßen, vorwurfsvoll zu: „Warum hast du mir das nicht gesagt? Wenn ich vorher gewusst hätte, was Muttersein heißt, hätte ich kein Kind bekommen und schon gar nicht hätte ich die Strapazen einer künstlichen Befruchtung auf mich genommen." Und mit Blick auf ihren Sohn meinte sie noch: „Aber süß ist er ja schon."
Mit diesem Buch nehme ich die Kritik meiner Freundin an und schreibe auf, was ich weiß, gelesen und als Mutter selbst erfahren habe.

Bei der Geburt wird nicht nur ein Kind, sondern auch eine Mutter geboren. Diesen Satz hört man in letzter Zeit häufiger. Das bedeutet, Muttersein auf Knopfdruck ist ein Mythos. Auch die Mutter braucht Zeit, um in die neue Situation hineinzuwachsen und die Bedürfnisse ihres Kindes zu verstehen. Diese Übergangsphase wird in Anlehnung an die Pubertät seit ein paar Jahren

„Muttertät" genannt. Im Gegensatz zur Pubertät, während der die Jugendlichen Freiheiten gewinnen und unabhängig werden, gibt die Mutter nun ihre Unabhängigkeit für ihr Kind auf. Nachvollziehbarerweise tut sie das manchmal nicht sogern und auch nicht zwingend aus Liebe.

Ich möchte die Annahme der „selbstverständlichen Mutterliebe" in Frage stellen, womit ich übrigens nicht allein bin. Die international anerkannte amerikanische Therapeutin Susan Forward gab einem ihrer Bücher sogar den Titel „Wenn Mütter nicht lieben" und schreibt darin:
„Wir meinen vielleicht, wir lebten in Zeiten psychologischen Bewusstseins, doch unsere mythische Vorstellung vom Muttersein haben wir noch nicht abgeschüttelt: Das Märchen, eine Mutter sei per Definition zu Liebe, beschützendem Verhalten und Freundlichkeit fähig. [...]
In den meisten Gesellschaften werden Mütter verherrlicht, als wären sie durch ihre Gebärfähigkeit automatisch auch fürsorglich. Das stimmt einfach nicht." (Forward, 2015, S.23)

Aufgrund dieser Vorstellung wird nicht genau hingesehen, wie eine Mutter ihr Kind behandelt. Weiter schreibt sie:
„Der Muttermythos ist eine wunderbare Tarnung für nicht liebende Mütter, die viel zu oft ungestört agieren, während ihre Ehemänner, Angehörigen und die Gesellschaft jegliche Kritik zurückweisen." (ebd.)

An dieser Stelle möchte ich einen Perspektivwechsel machen:
Wie geht es den nicht liebenden Müttern?
Vielleicht würden diese Mütter gern „gestört" werden? Möglicherweise würden sie sich gern anders verhalten und wissen nicht, wie?
Wie geht es einer Mutter, die sich eingesteht, ihr Kind nicht so zu lieben, wie sie es sich wünscht? Was macht sie mit diesem Gefühl? ohin geht sie damit?

Aus meiner Sicht sollte eine Mutter in einer aufgeklärten Gesellschaft sagen können, dass sie Hilfe braucht und weswegen sie unglücklich ist, sich unter Druck gesetzt fühlt oder sich selbst unter Druck setzt. Es sollte möglich sein, Verständnis und Hilfe zu bekommen. Darüber hinaus sollte uns bewusst sein, wie wichtig auch die Liebe des Vaters ist, nicht nur in diesen Konstellationen.

Dieses Buch ist für alle Menschen gedacht, die zum einen verstehen möchten, warum die Mutterliebe (k)ein Automatismus ist und zum anderen, wie sie ihre Liebe zum Kind stärken können.

Es ist egal, ob Sie (noch) kein Kind haben, sich aber schon für dieses Thema interessieren. Oder ob Sie ein Mann sind, der seine Vaterliebe steigern möchte. Vielleicht sind Sie schwanger und fragen sich, ob Sie Mutterliebe spüren werden? Oder Sie möchten Ihrem Patenkind mehr Wärme geben? Möglicherweise sind Ihre Kinder schon groß und Sie möchten ihnen oder Ihren Enkeln nun gern mehr Liebe schenken? Vielleicht sind Sie einfach neugierig? Oder Sie möchten eine andere Liebe intensivieren?

Vielleicht gehören Sie sogar zu den Glücklichen, die mit Ihrer Liebe zufrieden sind und nichts ändern wollen? Dann freut mich das sehr für Sie.

Häufig liest man, die Liebe kommt schon irgendwann. Ich hatte nicht den Eindruck, dass Zeit als wesentlicher Faktor helfen würde. Eventuell war ich zu ungeduldig? Jedenfalls fragte ich mich öfter, wie lange ich noch warten sollte. Falls es Ihnen ähnlich geht und Sie schnellstmöglich etwas ändern möchten, lesen Sie gern weiter.

Erwarten Sie bitte keine spektakulären Methoden, meine Übungen sind kleine Schritte oder Sprünge, die den Alltag bei regelmäßiger Anwendung spürbar verändern können.

Meine Ziele als Mutter waren einerseits die Intensität meiner Mutterliebe zu steigern und andererseits dauerhaft intensive Gefühle meinen Kindern gegenüber zu entwickeln. Es reichte mir nicht, nur in einzelnen Momenten meine Liebe zu spüren.

Schon als Kind fragte ich mich, ob ich meinen zukünftigen Kindern gegenüber liebe- und verständnisvoll sein würde. Ob die Mutterliebe automatisch kommt, wie uns in unserer Gesellschaft vermittelt wird? Wirklich bei jeder Mutter, auch bei mir? Ich hatte Zweifel. Als ich schließlich Mutter wurde, wartete ich vergeblich auf das starke, überrollende Gefühl, von dem ich gelesen hatte. Lag es am Kaiserschnitt, oder doch an mir? Nachdem ich mich von der Geburt erholt hatte und einige Zeit verstrichen war, wollte ich das nicht länger hinnehmen und probierte verschiedene Ideen aus, um mehr Mutterliebe zu spüren. Ich hinterfragte mich, mein Denken, Fühlen und Handeln. Alles, was mir auf diesem Weg sinnvoll oder hilfreich erschien, testete ich. Ich experimentierte mit mir selbst und spürte bald, welche Fragen und Methoden mich weiterbrachten und welche nicht. Irgendwann war ich tatsächlich zufrieden mit der Intensität meiner Mutterliebe! Genauso sollte sie in meinen Augen sein!

Eine sehr liebe Freundin, die gern Mutter werden wollte, bat mich eines Tages, all meine Fragen und Übungen aufzuschreiben. „Für den Fall, dass ich auch nicht zufrieden mit meiner Mutterliebe sein werde."

Dank meiner Weiterbildung zur systemischen Therapeutin ergab sich schnell eine klare Reihenfolge meiner Fragen und Übungen.

Und der Gedanke festigte sich, dass es vielleicht mehr Mütter geben könnte, denen es ähnlich geht wie mir anfangs. Also suchte ich Informationen zum Thema und fand überraschend wenig. Meist gibt es nur Hinweise und Aussagen, dass die Mutterliebe nicht selbstverständlich ist.

In diesem Buch finden Sie sowohl die Fragen und Übungen, die mich mit meiner Mutterliebe weitergebracht haben, als auch die bisherigen Erkenntnisse der Literatur, welche Gründe es für mangelnde Mutterliebe gibt.

Auch wenn unsere Gesellschaft die bedingungslose Liebe zum Kind klar bei der Mutter verortet, möchte ich auch gern die Väter einladen und ermutigen, ihre Liebe zum Kind zu stärken. Im Folgenden spreche ich zwar aus meiner Sicht als Mutter, meine Übungen sind jedoch genauso auf Väter und ihre Vaterliebe übertragbar. Ich bin der Überzeugung, dass sowohl die Mutter- als auch die Vaterliebe für die gesunde Entwicklung eines Kindes wichtig sind. Je mehr liebevolle Bezugspersonen ein Kind darüber hinaus um sich hat, desto besser.

Fühlen Sie sich frei und eingeladen, meine Übungen auszuprobieren! Trauen Sie sich! Schreiben oder malen Sie auch gern Ihre spontanen Antworten auf meine Fragen, entweder direkt in dieses Buch (spätestens am Ende eines jeden Kapitels gibt es neben dem Schwan ein bisschen Platz) oder in ein Extraheft. Notieren Sie sich auch gern am Kapitelende, was Sie wichtig finden oder was Sie beschäftigt. Ich wünsche Ihnen viele intensive und liebevolle Gefühle Ihrem Kind gegenüber und generell!

MUTTERLIEBE –

WAS IST DAS EIGENTLICH?

Der Klassiker für ein Beispiel grenzenloser Mutterliebe ist die Geschichte König Salomons aus dem Alten Testament in der Bibel. Kennen Sie sie?

Zwei Frauen streiten sich um ein Baby. König Salomon soll entscheiden, welche der beiden Frauen die echte Mutter ist, und stellt ihre Liebe auf die Probe:

Er verlangt nach einem Schwert und verkündet, er wolle das Kind halbieren, damit jede Frau eine Hälfte bekomme. Eine der beiden Frauen beschließt unverzüglich: Lieber verzichte sie auf das Kind, als dass dieses getötet würde.

Für König Salomon symbolisiert dieses Verhalten echte Mutterliebe. Er erkennt diese Frau als die echte Mutter an.

Diese Geschichte faszinierte mich schon als Kind, allem voran die Klarheit der Mutter. Lieber würde sie ein Leben lang auf ihr Kind verzichten, als es tot zu sehen. Ich fragte mich: Fühlt so eine Mutter? Verzichtet sie sogar auf das eigene Kind? Überlässt sie es einer anderen Frau, damit es leben kann? Obwohl sie selbst nichts von ihm hat? Gibt man als Mutter alles für das Überleben des eigenen Kindes? Bedeutet Mutterliebe grenzenloser Verzicht und Anspruchslosigkeit? Das schien mir fast unmenschlich! Ich begann, Mütter zu beobachten: Würden sich diese ebenso verhalten? Ich hatte Zweifel. Meine Faszination für das Thema Liebe und im Speziellen Mutterliebe war geweckt.

Wie entsteht dieses tiefe Gefühl, das die Bereitschaft hervorbringt, auf das eigene Kind zu verzichten? Wissenschaftler haben herausgefunden, dass Hormone in der Schwangerschaft und bei der Geburt eine große Rolle spielen. Die großen Mengen des Hormons Östrogen, das die Produktion des Glückshormons Serotonin anregt und das Hormon Endorphin, das während der Geburt eine schmerzlindernde Wirkung hat, beeinflussen unser Erleben. Nach der Geburt bleibt der Endorphinspiegel weiterhin hoch, so dass die Mutter einen Glücksrausch erlebt. Auch das als Bindungshormon bekannte Oxytocin wird während der Geburt ausgeschüttet. Darüber hinaus wird es beim Stillen des Säuglings, aber auch generell durch Hautkontakt beim Streicheln oder Kuscheln verstärkt produziert.

„Bereits in den ersten Monaten der Schwangerschaft konnten israelische Forscher nach einer 2007 veröffentlichten Studie Oxytocin in stärkerer Dosierung nachweisen, als dies bei nicht schwangeren Frauen der Fall war.

Und sie fanden heraus: Je höher der Oxytocin-Spiegel der Mutter während der Schwangerschaft war, desto intensiver beschäftigten sich die Frauen anschließend mit dem Kind und desto stärker waren sie ihm zugewandt." (Lüdeke, C., 2021)

Das deckt sich mit neuen Ergebnissen aus der Hirnforschung.

Die Autorinnen Rösler und Höllrigl Tschaikner schreiben in ihrem Buch „Mythos Mutterinstinkt" (2023), dass die Hormonflut in Schwangerschaft und Geburt längerfristige Veränderungen in unserem Gehirn in Gang setzt. Je stärker sich das Gehirn bereits in der Schwangerschaft verändere, desto leichter falle es der Mutter, eine Mutter-Kind-Bindung aufzubauen.

„Dass eine Person aufgrund von Schwangerschaft und Geburt „programmiert" ist, plötzlich besonders aufmerksam zu sein und leichter Bindung aufbauen kann, ergibt evolutionsbiologisch natürlich Sinn. Die Sensibilisierung bedeutet aber nicht, eine besondere Kompetenz qua Geburt (der eigenen oder des Kindes) erlangt zu haben oder instinktiv zu wissen, was zu tun ist. Und schon gleich gar nicht auf Knopfdruck zu lieben." (Rösler/ Höllrigl Tschaikner, 2023, S. 73)

Sie betonen, dass das fürsorgliche Verhalten nach der Geburt gelernt und geübt werden müsse. Es brauche Zeit, diese neuen komplexen Aufgaben im Gehirn zu festigen - ebenso wie bei jeder anderen engen Bezugsperson des Kindes, die viel Zeit mit ihm verbringe.

Was genau sich verändert und welche Auswirkungen diese mitbringen, wird seit ein paar Jahren erforscht. Letztlich lässt sich die Liebe also nicht auf die Hormone allein reduzieren, aber sie helfen, die wichtigen Veränderungen im Gehirn anzustoßen.

Zusammenfassend lässt sich sagen, dass es einerseits tatsächlich eine Art Automatismus gibt, der Frauen während der Schwangerschaft und der

Geburt viele Hormone produzieren lässt, die das Gehirn vorbereiten und verändern. Andererseits werden sie offenkundig unterschiedlich stark ausgeschüttet oder können im Gehirn nicht wirken. Das bedeutet, dass es Müttern unterschiedlich leichtfällt, die Wünsche ihres Babys wahrzunehmen und angemessen darauf zu reagieren. Im Extremfall erinnern wir uns an Nachrichten von Müttern, die ihr Kind misshandeln, sexuell missbrauchen oder Pädophilen im Darknet anbieten. Zum Glück sind das sehr extreme Einzelfälle.

Dennoch sollten wir uns als Gesellschaft fragen:

Woran liegt das? Was können wir tun? Können wir helfen?

WO IST DER FLUSS?

Wodurch könnte der Hormonfluss beeinflusst oder sogar beeinträchtigt werden? Oder was verändert „unsere Hirnstruktur insofern, dass der Mandelkern, also jene Region, die für emotionales Verhalten zuständig ist, kaum noch reagiert"? (Rösler/ Höllrigl Tschaikner, 2023, S. 98)

In diesem Kapitel möchte ich Sie für die verschiedenen Aspekte sensibilisieren, aufgrund derer es Müttern möglicherweise schwerfällt, ihrem Kind gegenüber die Liebe zu spüren, die sie sich wünschen. Sie werden sehen, dass es Gründe gibt, warum jemand weniger Mutter- oder Vaterliebe empfindet. Diese können zum einen entlastend und wertvoll sein, wenn man feststellt, dass es anderen ähnlich geht und man nicht falsch ist. Zum anderen können die verschiedenen Aspekte betroffen machen und besorgniserregend sein. Deswegen möchte ich betonen, dass hier kein Automatismus vorliegt. Es gibt Mütter und Väter, deren Liebe zum Kind uneingeschränkt fließt, obwohl sie in ihrem Leben sogar alle der nachfolgenden Aspekte erlebt haben.
Wenn Sie jedoch den Eindruck haben, dass Sie in Ihrer Liebesfähigkeit eingeschränkt sind, dann möchte ich Sie wissen lassen, dass wir zu einem späteren Zeitpunkt daran arbeiten werden. An dieser Stelle ist es mir wichtig, Aufklärung zu leisten und Ihnen die Möglichkeit zu geben, sich selbst und oder andere besser zu verstehen.
Wenn Sie beim Lesen dieses Kapitels jedoch feststellen sollten, dass die verschiedenen Gründe Sie belasten und Stress auslösen, ist jetzt nicht der richtige Zeitpunkt, sich mit ihnen auseinanderzusetzen. Dann blättern Sie gern zum nächsten Kapitel „Der Wunschfilm".

Körperliche Gründe
Der im letzten Kapitel beschriebene Prozess während der Geburt kann beeinträchtigt oder unterbrochen sein. Allein durch Kaiserschnitt, PDA oder

Medikamenteneinnahme kann der natürliche Hormonfluss gehemmt werden. Die Endorphine und das Oxytocin werden in ihrer Menge beeinflusst. Folglich kann die Intensität der Gefühle geringer ausgeprägt sein. Interessant ist hierzu die Information der MDR- Wissen- Redaktion (2023), dass laut Statistischem Bundesamt im Jahr 2021 in Deutschland 30,9% der Kinder per Kaiserschnitt zur Welt kamen. Diese Zahl hat sich in den vergangenen 30 Jahren mehr als verdoppelt.

An dieser Stelle möchte ich betonen, dass die Liebe beeinflusst werden kann, aber nicht muss. Meine Freundin meinte ganz überzeugt: „Ich hatte drei Kaiserschnitte und meine Liebe floss in Strömen."

Die Neugeborenen werden teilweise noch nach der Geburt zum Waschen und Wiegen von der Mutter entfernt.

„Dabei ist der Moment, wenn das Kind auf den Bauch beziehungsweise das Herz der Mutter gelegt wird, so wichtig für den Beziehungsaufbau. Durch den Hautkontakt wird bei Mutter und Kind eine große Menge von Oxytocin ausgeschüttet, das die Bindungssuche des Kindes anstößt und die Mutter dazu bringt, sich augenblicklich zu verlieben. Das gilt übrigens genauso für Väter." (König, 2021, S. 81)

Der bekannte Arzt und Psychotherapeut Harald Schickedanz betonte in seinem Vortrag „Frühe Wunden heilen besonders schlecht" die prägenden Lebensphasen, in denen wir besonders verletzlich sind. Diese sind die Schwangerschaft, vor, während und nach der Geburt und die frühe Kindheit. (Die Jugend erwähnt er in einer abgeschwächten Form.) Um diese Erkenntnis zu verdeutlichen, berichtete er von einer bereits 2004 von einer Arbeitsgruppe um Micheal Meany durchgeführten Studie an Ratten. Hierbei wurden Jungtiere miteinander verglichen, die von ihren Müttern nach der Geburt entweder liebevoll umsorgt oder von ihnen getrennt wurden. Die Forscher entdeckten im Gehirn der vernachlässigten Rattenbabys, dass das Gen für die Stressbremse, der sogenannte Glukokortikoidrezeptor mit einem Methylfilm umgeben ist. Das bedeutet, dass sich die Stresshormone nicht mehr an den Rezeptor binden können. Auf Deutsch heißt das, dass die körperliche Reaktion auf Stress nicht mehr abgefedert wird: Die Stressbremse ist gehemmt und bleibt es ein Rattenleben lang.

Bei Ratten reichten wenige Stunden der Vernachlässigung aus, um lebenslänglichen Dauerstress zu empfinden. Dieser wurde sogar weitervererbt. Wenn die vernachlässigten Ratten selbst Mütter wurden, waren sie nicht in der Lage, ihre Nachkommen adäquat zu betreuen. Dies bedeutete wiederum Stress für die nachfolgende Generation. Auch in deren Gehirnen griff die Stressbremse wenig oder gar nicht mehr. Die Stressreaktion ist somit vererbbar.

Sind diese Erkenntnisse auf den Menschen übertragbar? Ich erwähne diesen Vortrag, da sich die Forschergruppe aufgrund dieser Ergebnisse auch die menschlichen Gehirne ansah. Um Veränderungen feststellen zu können, wählten sie Gehirne von Menschen aus, die zu Lebzeiten sehr belastet waren. In diesem Fall waren dies Gehirne von Selbstmördern, die als Kinder extremem Stress ausgesetzt waren, indem sie körperlich missbraucht wurden. Dort fanden sie tatsächlich die Methylfilme und folglich eingeschränkte Stressbremsen.

Psychische Gründe

Auch Depressionen können in Verbindung mit emotionalen Blockaden stehen. In den Medien wird einem das Bild einer stillenden, vor Freude überwältigten Mutter vorgelebt, die ausschließlich Glücksgefühle zu haben scheint.
In der Realität kann dieses Bild anders aussehen. Bei der Mutter können stattdessen zeitgleich Sorgen, Ängste und das Gefühl der Überforderung auftreten.
Zwar hört man von Depressionen, die manche Mütter nach der Geburt entwickeln, aber da uns diese selten in Form von Bildern begegnen, bleiben sie uns nicht so gut in Erinnerung.
Dr. Christiane Hornstein ist Oberärztin und Leiterin eines Mutter-Kind-Projektes zum Thema „Kinder psychisch kranker Eltern". In ihrem Vortrag „Rundum gesund?! Die psychische Gesundheit von (werdenden) Eltern mit Babys und Kleinkindern stärken" unterscheidet sie u.a. den Baby Blues (Heultage), die nachgeburtliche (postpartale) Depression und die postpartale Psychose.

Im ersten Jahr nach der Geburt leiden zwischen 50-80% der Mütter an dem sogenannten Baby Blues, der ca. 10 Tage dauert. Überrascht Sie die hohe Zahl ebenso wie mich?

Hirnforscher vermuten einen Zusammenhang zwischen dem Baby- Blues und dem sich umstrukturierenden Gehirn. Unabhängig jedoch, woran dies liegt, sollten wir die verletzlichen Lebensphasen, von denen Harald Schickedanz in seinem Vortrag sprach, offensichtlich ernster nehmen. Aus meiner Sicht könnten wir allen Müttern mehr Wertschätzung entgegenbringen. Wie eine junge Mutter mir gegenüber sagte: „Bis zur Geburt meines ersten Kindes dachte ich, Mütter bekommen einfach ein Kind. Aber jetzt habe ich viel mehr Respekt vor allen Müttern! Von einfach kann definitiv keine Rede sein, ob sie das Baby natürlich oder per Kaiserschnitt auf die Welt bringt, ist dabei egal!" Auch könnten wir Verständnis für die veränderte Lebenssituation einer jungen Mutter bzw. ihrer ganzen Familie zeigen und ihr Hilfe und Unterstützung anbieten.

Von den Betroffenen entwickeln nur ca. 10-20% aller Mütter, unabhängig von Land und Kultur eine Depression. Diese dauert meist mehrere Monate. Bei knapp der Hälfte dieser Mütter kann sie länger als sechs Monate und sogar bis zu einem Jahr dauern. Einige der möglichen Erscheinungsbilder wie Antriebsmangel, körperliche Erschöpfung, Müdigkeit, Schlaf- und Appetitlosigkeit kennen viele Mütter, ohne dass sie unter einer Depression leiden. Es geht hierbei immer um den Grad der Ausprägung. Auch Energie- und Freudlosigkeit, Konzentrationsstörungen, Ängste und das Gefühl nicht zu genügen, begegnen vielen Müttern phasenweise. Sollten diese Empfindungen jedoch über einen längeren Zeitraum anhalten oder besonders stark ausgeprägt sein, lohnt es sich, einen Arzt zu kontaktieren. In seltenen Fällen können eine starke äußere und innere Unruhe, Gefühllosigkeit gegenüber dem Baby, eine Beziehungsstörung der Mutter zum Säugling (statt Zuneigung und Liebe Feindseligkeit) oder Selbstmordgedanken hinzukommen. Hier ist ärztliche Hilfe notwendig.

Aufgrund der eben genannten Erscheinungsbilder kann eine besonders ausgeprägte postpartale Depression eine Erklärung für einen Mangel an Mutterliebe sein. Väter zeigen deutlich seltener depressive Symptome als Mütter, dennoch sind ca. 4-5% von ihnen betroffen. Eine postpartale Psychose entwickeln nur 0,1-0,2% der Mütter. Das ist eine sehr geringe Zahl, dennoch benötigen die Betroffenen unsere besondere Aufmerksamkeit und Unterstützung.

Familiäre Gründe
Es gibt häufig einen Zusammenhang zwischen den psychischen Erkrankungen der Eltern und der emotionalen Entwicklung des Kindes. Laut Hornstein ist bei 70% der an einer postpartalen Depression leidenden Frauen mindestens ein Familienangehöriger psychisch krank.

Bei dem bereits beschriebenen Rattenexperiment hat sich ein Zusammenhang zwischen den gestressten Rattenmüttern und dem Stressumgang ihres Nachwuchses nachweisen lassen.

Dazu passt die Erkenntnis der Bindungsforscher, dass es oft einen Zusammenhang zwischen eigenen frühen Bindungserfahrungen und unserer Bindungsfähigkeit dem eigenen Kind gegenüber gibt.

Der bekannte deutsche Bindungsforscher Karl Heinz Brisch betont:

„Durch verschiedene Längsschnittstudien sowohl in Deutschland als auch in den USA und England konnte nachgewiesen werden, daß sicher gebundene Mütter häufiger auch sicher gebundene Kinder haben beziehungsweise Mütter mit einer unsicheren Bindungshaltung auch häufiger Kinder, die mit einem Jahr unsicher gebunden sind. Ähnliche Zusammenhänge, wenn auch nicht mit gleicher Intensität, fanden sich für die Beziehung zwischen der Bindungshaltung der Väter und der Bindungsqualität ihrer Kinder [...]. Diese Studien weisen auf eine Weitergabe von Bindungsstilen und – mustern zwischen Generationen hin [...]." (Brisch, Bindungsstörungen, ihre Folgen und die Möglichkeiten der Therapie in Gebauer/ Hüther, 2011, S. 69)

Unsere kindlichen Erfahrungen prägen nicht nur unsere Vorstellungen darüber, wie sich ein Vater oder eine Mutter verhält oder ist. Sie können uns auch im Entwickeln oder Fühlen unserer Liebe beeinflussen. Die Betonung liegt auf können. Es muss nicht so sein.

Ich möchte Sie einladen und ermutigen, genauer hinzuschauen: Wie waren unsere eigenen prägenden Lebensphasen?

Wie war unsere Schwangerschaft, die Geburt und unsere Kindheit? Wenn Sie hierzu ein paar Notizen machen möchten, tun Sie das gern.
Was kommt mir als Erstes in den Sinn?
Welche Geschichten kenne ich?
Welche eigenen Erinnerungen habe ich?
Welche Erfahrungen habe ich mit meinen Eltern oder anderen wichtigen Bezugspersonen gemacht?
War alles gut oder habe ich etwas vermisst? Fehlt mir möglicherweise ein Vorbild im liebevollen Umgang mit einem Kind? Haben wir selbst in unserer Kindheit die Mutter- oder Vaterliebe gespürt?

Wenn nein geht die Psychotherapeutin Jasmin Lee Cori in ihrem Buch „Wenn die Mutterliebe fehlte" ausführlich auf diesen Umstand ein. Sie beschreibt die emotional abwesende Mutter. Auch die bereits in der Einleitung zitierte Psychotherapeutin Susan Forward erwähnt vor allem die problembeladene Mutter, die Mühe hat, eine Bindung zu ihrem Kind aufzubauen. Wenn Sie dazu mehr erfahren möchten, lege ich Ihnen deren Bücher sehr ans Herz. Sie finden darin Beispiele, Verständnis und Übungen, mit deren Unterstützung Sie sich dem Thema nähern und einen Umgang damit finden können.
Eine heilsame Übung aus der systemischen Therapie ist beispielsweise, sich die Lebensgeschichte seiner Eltern bewusst zu machen. Warum war die Mutter, der Vater oder eine andere Bezugsperson problembeladen? Hatten sie Sorgen? Wenn ja, welcher Art? War das Überleben gesichert? Hatten sie etwas Schlimmes erlebt? Mussten sie jemanden oder etwas betrauern? Waren sie oder eine ihr nahestehende Person krank? Hatten sie Träume, die sie nicht leben konnten?
Es gibt vielerlei Gründe, warum ein Mensch emotional abwesend ist. Sich dessen Lebensgeschichte bewusst zu machen, kann helfen, Verhaltensweisen zu verstehen.
Die Erfahrungsberichte, die Sabine Bode u.a. in ihren Büchern „Die vergessene Generation. Kriegskinder brechen ihr Schweigen" (2004) und „Kriegsenkel, Die Erben der vergessenen Generation" (2020) gesammelt hat, können eine Hilfe sein. Viele Eltern- oder Großelterngenerationen sind gerade hier in Deutschland vom Zweiten Weltkrieg geprägt, obwohl sie diesen nicht mehr selbst erlebt haben. In diesem Zusammenhang spricht Sabine Bode von emotionalen Blockaden. Sie weist daraufhin, dass die Spannungen zwischen Eltern

und Kindern an die nächste Generation weitergegeben werden können. Auf diese Weise steckt mehr Kriegsenkel oder Kriegsurenkel in uns, als uns im Alltag bewusst ist.

Das bedeutet nicht, dass alle Kriegsenkel oder Kriegsurenkel zwingend Probleme haben müssen. Die Psychotherapeutin Ingrid Meyer-Legrand (2016) weist daraufhin, dass wir genau wegen dieser Erfahrungen und Erlebnisse besondere Stärken entwickelt haben können. Der Titel ihres Buchs „Die Kraft der Kriegsenkel" betont diese Sichtweise. Es lohnt sich, einmal innezuhalten und sich zu fragen: Was habe ich aus schwierigen Erlebnissen gelernt? Welche Erfahrungen nützen mir heute?

Auch wenn der Umgang mit Stärken angenehmer ist, spielen die negativen Erlebnisse auf der Suche nach Gründen für eine emotionale Blockade eine entscheidende Rolle. Nicht nur der Krieg, sondern auch andere schlimme Erfahrungen können in der Elterngeneration Spuren hinterlassen haben. Möglicherweise liegen sogar Traumatisierungen vor. Mittlerweile werden die Begriffe Trauma und Traumatisierung recht schnell und häufig verwendet, nachdem sie vor einigen Jahren eher Abwehr auslösten. Die inflationäre Verwendung liegt mir nicht und doch sehe ich, dass Traumata häufiger vorkommen und Ursache für Schwierigkeiten im Leben sind, als früher angenommen wurde.

Traumatherapeuten unterscheiden zwischen Schocktrauma und Komplextrauma. Unter Schocktrauma versteht man schlimme Erfahrungen wie beispielsweise das Miterleben von Naturkatastrophen, schwere Verkehrsunfälle, eine lebensbedrohliche Krankheit oder den Tod einer nahestehenden Person. Ein Komplextrauma entsteht, wenn die Person über einen längeren Zeitraum toxischem Stress ausgesetzt ist, den nahestehende Mitmenschen auslösen. Darunter fallen zum Beispiel sexueller Missbrauch, Misshandlungen oder Vernachlässigung durch Bindungspersonen. Verena König betont darüber hinaus: „Aber auch Dinge, die wir aus der Erwachsenenperspektive nicht unbedingt als lebensbedrohlichen Stress erkennen, können traumatisierend wirken. Kinder sind sehr verletzliche und von Natur aus abhängige Wesen. Die Art und Weise, wie Bezugspersonen mit ihnen umgehen, ist häufig von deren Geschichte geprägt. Unwissenheit und Belastungen der Eltern können zu dauerhaftem Stress für das Kind führen." (König, 2021, S. 62, 63)

Bärbel Wardetzki (2021) beschreibt in ihrem Buch „Weiblicher Narzissmus" einen dieser Aspekte: Ein Säugling sei nicht in der Lage, allein zu überleben und komplett abhängig. Da sich ein Kind als abhängig erlebe, versuche es, sich an sein Umfeld anzupassen und zeige eine hohe Bereitschaft, unbewusste Erwartungen seiner Eltern zu erfüllen. Bärbel Wardetzki spricht bei narzisstischen Eltern von „emotional ausbeutenden" Eltern. Von ihnen werde das Kind mit unbewussten Forderungen nach Leistung, Prestige und Erfolg unter Druck gesetzt. Manchmal rivalisierten narzisstische Eltern sogar mit ihren Kindern oder zeigten sich missgünstig. Gleichzeitig seien sie stolz und werteten sich selbst durch das Kind auf. Die emotionale und einfühlsame Zuwendung der Eltern als Ausgleich fehle. Teilweise drehten sich die Rollen sogar um und das Kind nehme die mütterlich-versorgende Rolle gegenüber der narzisstischen Mutter ein. Diese „Aufträge" könnten ein Kind nur schwer zu einem gesunden, beziehungsfähigen und liebevollen Menschen werden lassen.

All diese Erfahrungen können in der Großeltern- oder Elterngeneration stattgefunden und Ihre Eltern oder Sie selbst nachhaltig geprägt haben. Wenn Sie eine Traumatisierung nicht ausschließen können, empfehle ich Ihnen, sich Hilfe zu suchen.
Der Kontrollverlust im Laufe einer Geburt oder die anschließenden grundlegenden Veränderungen des eigenen Lebens können so anstrengend sein, dass unsere Vorfahren oder wir selbst unserem Kind gegenüber emotional nicht offen sein konnten oder können.
Möglicherweise gibt es in der heutigen Zeit auch weitere Gründe, warum wir selbst emotional abwesend sind. Möglicherweise setzen Ihnen die aktuellen politischen Ereignisse, die Coronakrise und deren Folgen zu? Oder Sie haben andere Sorgen?

Gesellschaftliche Gründe

In eine ähnliche Richtung weisend, allerdings auf die Gesellschaft ausgeweitet, beschreibt der Neurobiologe und Hirnforscher Gerald Hüther in seinem Buch „Lieblosigkeit macht krank" noch einen weiteren Aspekt, warum die Lieblosigkeit von Generation zu Generation weitergegeben wird. Aus seiner Sicht hat dies mit unseren gesellschaftlichen Werten und unserem Streben nach Erfolg zu tun. Wir möchten unser Kind nachvollziehbarerweise darin unterstützen, in unserer Gesellschaft erfolgreich zu sein. Unsere Kinder spüren dies, unabhängig davon, ob wir es bewusst wollen oder nicht. Sie fühlen sich dadurch jedoch nicht wahrgenommen und geliebt, sondern als Objekt betrachtet, das entsprechend funktionieren soll.

„Wenn wir uns von anderen nicht gesehen, nicht beachtet oder gar als abgelehnt oder ausgegrenzt erleben, werden im Gehirn die gleichen Netzwerke aktiviert, die auch körperliche Schmerzen erregen." (Hüther, 2021, S.21)

Dies ist immer dann der Fall, wenn die seelischen Grundbedürfnisse nach Verbundenheit und Zugehörigkeit oder nach Freiheit und Autonomie betroffen sind.

Das Kind spürt den Unterschied zwischen den Erwartungen seiner Eltern und seinen eigenen Bedürfnissen. Die Nervenzellen im Gehirn des Kindes beginnen, sich aufgrund dieser unlösbar scheinenden Situation neu zu organisieren. Die Netzwerke, die bisher das Kind glauben ließen, es werde so geliebt, wie es ist, werden gehemmt. Das Grundbedürfnis nach Verbundenheit wird unterdrückt, verdrängt oder ganz abgespalten. Das ist der Lösungsweg des kindlichen Gehirns aus dieser schmerzvollen Situation.

Der Autor betont ebenfalls, dass an dieser Konsequenz niemand Schuld habe. Wir Eltern wollen nur das Beste für unser Kind und das kindliche Gehirn reagiert mit der Ausbildung neuer Strukturen, um den Schmerz zu vermeiden.

Weiterführende Gedanken

Auf diese Weise haben wir in unserer Kindheit gelernt, unsere Gefühle zu unterdrücken und stattdessen zu funktionieren. Da wir aufgrund des zweiten Weltkriegs in einer Gesellschaft mit einem kollektiven Trauma aufgewachsen sind, wurde uns signalisiert, dass unsere Gefühle unerwünscht oder unpassend sind. Starke Gefühle machen uns folglich Angst, denn diese bedeuteten in unserer Kindheit meist Ärger oder sogar Bestrafung. Also lassen wir sie möglichst gar nicht erst zu. Das betrifft leider ebenso die positiven. Wir haben uns die intensiven Gefühle verboten und aus diesem Grund spüren wir sie nicht mehr. Eine zentrale Frage ist für mich in diesem Zusammenhang:
Liebe ich mich selbst? Wenn nein, mag ich mich?

Was an mir ist liebenswert? (Die Fragen mögen seltsam klingen, nehmen Sie sich dennoch etwas Zeit und denken Sie darüber nach.)

Vielleicht liegt der Grund für mangelnde Liebe zum eigenen Kind in einer Mischung aus verschiedenen dieser Gründe. Möglicherweise gibt es noch weitere Aspekte?
Ich denke, dass wir Eltern in der heutigen Zeit häufig bewusst und reflektiert sind und vor allem im Umgang mit unseren Kindern viel richtig machen wollen. Ich selbst spürte früh ein sehr großes Verantwortungsbewusstsein, das mir fast die Luft zum Atmen nahm. Ich sollte nun dieser Dreh- und Angelpunkt, dieser zentrale Mensch für dieses zarte Baby sein? Irgendwie fühlte ich mich diesem Anspruch nicht gewachsen. Wenn zudem noch Traumatisierungen vorliegen, möglicherweise unbewusste aus anderen Generationen, kann sich das Gefühl der Überforderung leicht in Angst oder sogar Panik steigern. Wie soll man dabei von Liebe überrollt werden?

An dieser Stelle möchte ich Sie einladen und ermutigen, kurz innezuhalten und nachzuspüren, ob Ihnen der ein oder andere Grund nachgeht.
Beschäftigt Sie etwas?
Wird bei Ihnen ein Gefühl ausgelöst? Wenn ja, welcher Grund ist das und welche Gefühle kommen Ihnen dazu?

Welche Gedanken gehen Ihnen dazu durch den Kopf?

Sollten Sie das Bedürfnis verspüren, dieses Thema zu vertiefen, tun Sie dies bitte. Entweder anhand der vorgeschlagenen Literatur oder, wenn Sie den Eindruck haben, dass bei Ihnen selbst eine Depression oder Traumatisierung vorliegen könnte, empfehle ich Ihnen unbedingt, die Hilfe eines Therapeuten oder einer Therapeutin in Anspruch zu nehmen. Es ist sehr gut möglich, dass eine Auseinandersetzung mit der eigenen Geschichte Ihre Mutter- oder Vaterliebe ebenfalls stärkt. Abschließend möchte ich Sie wissen lassen, dass sich dieses Buch nicht länger mit Ihren Kindheitserfahrungen oder der eventuell fehlenden Elternliebe Ihnen gegenüber beschäftigt. Die Liebe und Geborgenheit, die wir als Kind vielleicht vermisst haben, werden wir vermutlich nie erleben dürfen. Vielleicht erscheint es ungerecht oder gar unmöglich, die Liebe weiterzugeben, die man selbst nicht in einem befriedigenden Ausmaß erfahren durfte. Es muss uns jedoch klar sein, dass unsere Kinder, sollten sie nicht genügend Liebe bekommen, möglicherweise ihren Kindern, also unseren Enkeln, ebenfalls zu wenig Liebe weitergeben werden und immer so fort. Gerald Hüther formuliert dies in seinem Buch „Lieblosigkeit macht krank" noch eindrücklicher:

„So erzeugen wir durch unsere eigene Lieblosigkeit eine von Generation zu Generation weitergegebene Kette der Lieblosigkeit im Umgang mit sich selbst, mit anderen Menschen und nicht zuletzt auch im Umgang mit der lebendigen Natur, deren Teil wir Menschen sind." (Hüther, 2021, S. 42)

Wir können den Teufelskreis jedoch unterbrechen und daran arbeiten, dass unsere Kinder das Glück haben, diese Liebe zu erfahren.

DER WUNSCHFILM

In diesem Kapitel möchte ich Sie einladen und ermutigen, sich Ihre Wünsche und Erwartungen bewusst zu machen.

Vermutlich haben Sie sich vor der Geburt Ihres Kindes gefragt, wie das Leben mit Ihrem Baby werden wird? Wie Sie als Vater oder Mutter sein werden? Wie es sich anfühlen wird, Vater oder Mutter zu sein? Was Ihr Kind für ein Mensch werden wird? Ob es glücklich sein wird? Ob Sie glücklich sein werden? Wie es aussehen wird? Vielleicht sogar, was Ihr Kind einmal werden soll? Kennen Sie einen Teil dieser Fragen? Notieren Sie sich bitte ein paar Stichpunkte Ihres persönlichen Wunschfilms oder malen Sie ein Bild!

Mein Wunschfilm

Sobald wir uns diese oder ähnliche Fragen stellen, fangen wir an, Vorstellungen zu entwickeln. Häufig geschieht dies unbewusst. Ich bin überzeugt davon, dass sich viele werdende Mütter und Väter darüber Gedanken machen. Bereits als Kind hatte ich beim Puppen-Spielen genaue Vorstellungen davon, wie ich als Mutter sein und welche Gefühle ich haben wollte. Auch darüber, wie mein Kind sein würde. Nett natürlich und ob es mir ähnlichsehen werde, fragte ich mich. Und damit war ich in märchenhafter Gesellschaft:

Kennen Sie (noch) „Schneewittchen"? Ihre böse Stiefmutter befragt jeden Tag ihren Spiegel, wer die Schönste im ganzen Land sei. Als Schneewittchen sieben Jahre alt wird, antwortet der Spiegel plötzlich, dass nun Schneewittchen die Schönste sei. Daraufhin will die Stiefmutter Schneewittchen töten lassen. Diese flieht jedoch zu den sieben Zwergen, wo sie schließlich einem Prinzen begegnet und ihn heiratet.

Zu Beginn des Märchens erfahren wir, was sich die leibliche Mutter Schneewittchens wünscht:

„Es war einmal mitten im Winter, und die Schneeflocken fielen wie Federn vom Himmel herab, da saß eine Königin an einem Fenster, das einen Rahmen aus schwarzem Ebenholz hatte, und nähte. Und wie sie so nähte und nach dem Schnee aufblickte, stach sie sich mit der Nadel in den Finger, und es fielen drei Tropfen Blut in den Schnee. Und weil das Rote im weißen Schnee so schön aussah, dachte sie bei sich: „Hätt ich ein Kind so weiß wie Schnee, so rot wie Blut und so schwarz wie das Holz an dem Rahmen." Bald darauf bekam sie ein Töchterlein, das war so weiß wie Schnee, so rot wie Blut und so schwarzhaarig wie Ebenholz, und wurde darum das Schneewittchen genannt. Und als das Kind geboren war, starb die Königin." (Jürgensmeier (Hrsg.), 2009, S. 165)

Anfangs hatte ich angenommen, dass es die böse Stiefmutter war, die sich das Aussehen ihres Kindes bereits vor der Geburt genau vorgestellt hatte. Das passte für mich in das Bild der bösen Stiefmutter. Erst nach mehrmaligem Anhören meiner Schallplatte wurde mir bewusst, dass es die leibliche Mutter war, die sich das Aussehen ihres Kindes so genau vorgestellt hatte. Dieser Wunsch beschäftigte mich als Kind lange: War die leibliche Mutter vielleicht gestorben, weil sie sich etwas gewünscht hatte, das sie nicht durfte? War das vielleicht verboten? Allerdings wurde das in dem Märchen nicht gesagt. (So oft ich es auch anhörte...) Mir schien es nicht „mütterlich". Aufgrund der Geschichte von König Salomon hatte ich ein anderes Bild von Mutterliebe. Machte nicht genau die Anspruchslosigkeit einer Mutter die Mutterliebe aus? Schneewittchens Mutter empfand ich hingegen als recht fordernd. War ihr nicht klar, dass dieser Wunsch die Gefahr barg, vom eigenen Kind enttäuscht zu werden? Als Kind die Eltern zu enttäuschen, fand ich eine schreckliche Vorstellung. Und ungerecht noch dazu, denn als Kind kann man wirklich nichts für sein Aussehen. Wenn man seine Eltern anlügt oder etwas macht, das man nicht darf, macht man dies meistens immerhin bewusst. Aber kann ein Elternteil vom Aussehen, den Vorlieben oder Eigenschaften des Kindes enttäuscht sein, allein deshalb, weil es sich dies anders vorgestellt hatte?

Ich fand das ernüchternd. Denn was bedeutet es für ein Kind, seine Eltern zu enttäuschen? Welche Konsequenzen hat das für das Kind?

Können Kinder diese Wünsche überhaupt erfüllen? Können sie diese erahnen? Und wenn ja, verbiegen sie sich dann, um geliebt zu werden? Werden sie andernfalls nicht geliebt? Und was können die Eltern für ihre Enttäuschung? Wie geht es Eltern, wenn das Kind für sie eine Enttäuschung ist? Wie gehen sie damit um? Können sie ihr Kind trotzdem lieben? Wenn ja, genauso? Was macht es mit dem Kind, wenn es die Enttäuschung spürt?

Natürlich beschloss ich, mir als Mutter nichts zu wünschen oder vorzustellen. Ehrlicherweise muss ich sagen, es hat nicht funktioniert. Mittlerweile halte ich es für normal und sogar sinnvoll, wenn sich werdende Eltern ihr Leben mit Kind vorstellen. Sie machen sich die anstehenden Veränderungen bewusst. Worauf lassen wir uns ein? Was wird sich verändern? Wie werden die Nächte? Werde ich noch Freunde treffen und abends weggehen? Wie werden die Tage? Wie werde ich als Elternteil sein? Wie wird es mit dem Kind werden? Was wird aus uns als Paar? Nun sollte uns bewusst sein, dass aus Wünschen und Vorstellungen Erwartungen und Forderungen an unser Kind werden können: Sei so, wie ich dich gerne hätte!

Unser Kind ist jedoch keine Fee, die Wünsche erfüllt. Hier müssen wir Eltern aufpassen und Verantwortung übernehmen.

Wir Eltern können natürlich enttäuscht sein, obwohl wir selbst das Kind genetisch und durch die eigene Erziehung geprägt haben. Ist das nicht auch ungerecht?

Ich bin mir sicher, dass es sich nicht vermeiden lässt, Vorstellungen von einem Kind zu haben. Aber mir ist wichtig, dass wir die Möglichkeit in Betracht ziehen, dass unser Kind anders sein könnte, als wir es uns vorgestellt haben. Ganz wesentlich ist, dass wir Eltern offen für das bleiben, was unser Kind von sich heraus mitbringt. Neue Interessen der Kinder können uns bereichern.

Ich erinnere mich an ein Interview mit dem berühmten Regisseur Steven Spielberg, das ich vor langer Zeit gelesen habe. Darin erzählte er, dass ihn seine Mutter sehr unterstützt habe und er ihr viel verdanke. So sei sie beispielsweise für seine ersten Filmexperimente als Jugendlicher zum Metzger gefahren und habe Blut und Rinderaugen oder ähnliches geholt, damit er möglichst echt wirkende Aufnahmen machen konnte. Wie beeindruckend!

Möglicherweise wurde Steven Spielberg als Regisseur nur so erfolgreich, weil seine Mutter ihn konsequent unterstützte und er dadurch vielfältige Erfahrungen sammeln konnte? Ob es zu ihrer ursprünglichen Vorstellung vom Mutterdasein gehörte, Blut zu holen und dem Sohn beim Dreh von Horrorszenen zu helfen, weiß ich nicht. Es scheint jedoch, dass sie es ihrem Kind zuliebe getan hat. Möglicherweise entsprach es ihrer Vorstellung, ihr Kind, wenn irgend möglich zu unterstützen. Nach dem Lesen dieses Interviews fragte ich mich, inwieweit ich ebenso reagiert hätte. Ich gestand mir ein, dass ich weit weg von dieser Art Unterstützung gewesen wäre. Möglicherweise hätte ich bis zu diesem Interview meinem Kind dieses Interesse sogar versucht auszureden, nach dem Motto, was sollen bloß die Leute denken? Mir wurde klar, dass es viel mehr Herausforderungen als Mutter gibt, als ich mir annähernd vorstellen konnte. Daraufhin beschloss ich, bezüglich des Themas „mein Kind annehmen und unterstützen" wachsam zu bleiben, mir meine Erwartungshaltung immer wieder bewusst zu machen, gegebenenfalls in Frage zu stellen und wahrzunehmen, welche Interessen und Fähigkeiten mein Kind selbst auf diese Welt mitbringt.

Mit der Zeit sieht die Realität also möglicherweise ganz anders als in unserer Vorstellung aus. Glück hat, bei wem alles so ist, wie erträumt und erhofft. Was machen aber diejenigen, die sich eingestehen müssen, dass das neue Leben anders aussieht als ihr Traum?

Was machen wir Eltern, wenn wir von der neuen Situation enttäuscht sind? Wenn unser Kind nicht so ist, wie wir es uns erträumten? Wenn unsere Gefühle nicht so sind, wie wir sie uns vorstellten? Wenn wir das Gefühl haben, als Vater oder Mutter nicht gut genug zu sein, es nicht richtig zu machen? Das Kind nicht genügend zu lieben?

Dann steigt der Frust. Und darunter leidet die Beziehung zum Kind. Vielleicht denken wir, das Kind sei schuld? Wenn es anders wäre, könnten wir es doch sicher lieben.

Wir sind enttäuscht von unserem Kind und wenn wir ehrlich zu uns sind, vermutlich noch mehr von uns selbst.

Eine mögliche Reaktion auf diese Gefühle kann der emotionale Rückzug der Mutter oder des Vaters sein, da sie die Situation, wie sie ist, nicht aushalten. Dann sind wir möglicherweise selbst die emotional abwesende Mutter, die ich in Kapitel 2 kurz angeführt habe. Was wir gar nicht wollen. Hinzu kommt, dass verschiedene Bindungstheoretiker im letzten Jahrhundert festgestellt haben, dass für die mentale Gesundheit eines Kindes das Gegenteil besonders wichtig ist. Die Bezugspersonen sollen feinfühlig auf dessen Bedürfnisse reagieren und diese möglichst richtig interpretieren. Ziel ist es folglich, die Kinder sicher zu binden, um ihnen ein angenehmeres Leben zu ermöglichen. Ein adäquates Sozialverhalten, eine längere Konzentrationsspanne und ein höheres Selbstwertgefühl können u.a. von der Bindung abhängig sein. Was langfristig nicht nur zu einem besseren Schulabschluss, sondern auch zu einem zufriedeneren Leben führen dürfte. Diese Erkenntnisse machen die Verantwortung unserem Kind gegenüber nicht kleiner und den Druck, der auf Eltern lastet, noch größer.

Der Wunschfilm anderer

In den vorangegangenen Generationen war die Aufgabe der Frau klar geregelt. Sie hatte sich um die drei Ks, also Kinder, Küche und Kirche zu kümmern. Der Mann war der Versorger und ging arbeiten. Wer anders lebte, wurde misstrauisch beobachtet. Ist sie oder er normal? Heutzutage sind wir zum Glück viel toleranter und offener bezüglich anderer Lebensformen. Dennoch sind wir von diesen Rollenbildern geprägt. Der ein oder anderen fällt es leicht, neue Wege zu beschreiten, andere fühlen sich mit den alten Zuständigkeiten wohl. Sicher ist jedoch, dass sich jede Frau heutzutage Gedanken macht, wie sie ihre Mutterrolle leben möchte. Geht sie nebenbei oder voll arbeiten? Bleibt sie zuhause und wenn ja, wie lange? Inwieweit übernimmt der Vater? Diese verschiedenen Vorstellungen innerhalb der Partnerschaft aufeinander abzustimmen, ist manchmal schon herausfordernd genug. Doch dann gibt es auch noch die Wünsche und Vorstellungen dritter und damit meine ich nicht nur die Ansichten der Großeltern, Tanten oder Onkel.

Wie im letzten Kapitel bereits erwähnt, hat unsere Gesellschaft ebenfalls eine Erwartungshaltung an Elternschaft. Im Folgenden möchte ich auf die unterschiedlichen Erwartungen an eine Mutter und an einen Vater eingehen. Diese sind uns allen mehr oder weniger bewusst, denn wir spüren sie.

Der Duden definierte „Mutterliebe" laut bis 2016, als „fürsorgliche, opferbereite Liebe einer Mutter zu ihrem Kind [„]. Dies wurde glücklicherweise vor ein paar Jahren an die Definition von Vaterliebe angepasst. Denn bei den Vätern stand schon seit jeher recht pragmatisch: „Liebe eines Vater zu seinem Kind." (Rösler, A./ Höllrigl Tschaikner, E., 2023, S. 20)
Interessant ist, dass bei Wikipedia seit mindestens zwei Jahren niemand das Bedürfnis hatte, die Eintragungen zu überarbeiten. Hier werden die unterschiedlichen Erwartungshaltungen noch deutlich.
Unter dem Suchbegriff „Mutter" findet sich bei Wikipedia Folgendes:
„Mutterschaft [...] in drei Aspekten unterschieden - biologische, rechtliche und soziale Elternschaft:
[...]
Im sozialen und psychologischen Sinne ist Mutter, wer (als Frau) einem Kind Mutterliebe entgegenbringt [...]" („Mutter", 2023).

Darin lesen wir sofort den Begriff und auch die Selbstverständlichkeit. Demnach muss es zwar nicht die leibliche Mutter sein, die ihrem Kind Mutterliebe entgegenbringt, jedoch hat es diejenige zu tun, die als Mutter eingesetzt ist. Es wird gar nicht in Frage gestellt, ob eine Mutter diese empfindet. Sie hat es zu tun. Dies belegt auch das weitere Zitat zum Thema „Mutterliebe". Dazu findet sich bei Wikipedia folgender Eintrag:

„Als Mutterliebe bezeichnet man die Liebe einer Mutter zu ihren Kindern, im engeren Sinne eine vor allem durch die Geburt herausgehobene besonders starke Gefühlsbindung zu ihren leiblichen Kindern. [...] Gegenwärtig und insbesondere in Deutschland und Italien stellt eine von der Mutter auch nach außen dargestellte Liebe bis hin zur Selbstlosigkeit quasi eine Erwartungshaltung der Gesellschaft dar; die Mutterliebe wird vielfach als die ursprünglichste und stärkste Form der Liebe angesehen. Unausgesprochen wird oft vorausgesetzt, dass die Mutterliebe zu allen Kindern gleich stark sein solle. Mutterliebe wird dementsprechend also als Regel erwartet und beobachtet. [...]" („Mutterliebe", 2023).

Wie geht es uns Frauen mit dieser Erwartungshaltung der Gesellschaft? Wie geht es uns mit unserer eigenen Erwartungshaltung? Was, wenn diese Erwartungen und die Realität weit auseinander liegen? Was, wenn die „vor allem durch die Geburt herausgehobene besonders starke Gefühlsbindung [einer Mutter] zu ihren leiblichen Kindern" (siehe oben) ausbleibt?

Der Begriff „Vater" wird bei Wikipedia ebenfalls in die drei verschiedenen Bereiche biologisch, rechtlich und sozial eingeteilt.

„Vater bezeichnet einen männlichen Elternteil eines Menschen; seine Vaterschaft kann sich auf einen, zwei oder alle drei Teilbereiche der Elternschaft beziehen:

[...]

Der soziale Vater übernimmt persönliche Verantwortung und umsorgt den Menschen.

Ein Mensch kann folglich mehr als nur einen Vater haben. In der Kernfamilie und bei alleinerziehenden biologischen Vätern werden alle drei Teilbereiche der Vaterschaft wahrgenommen. Der Stiefvater, der Vater in einer gleichgeschlechtlichen Ehe, der Pflegevater, der biologische Vater ohne Sorgerecht oder der Samenspender haben nur Teilbereiche inne." („Vater", 2023)

Das Wort Liebe wird nicht einmal erwähnt.

Zum Thema „Vaterliebe" findet sich Folgendes:

„Vaterliebe im Sinne dieses Stichworts ist die Liebe eines Vaters zu seinen – auch erwachsenen – Kindern. (Das gleiche Wort kann grammatikalisch auch die Liebe eines Kindes zu seinem Vater bedeuten; dieser Wortgebrauch ist unüblich geworden.)

Die Vaterliebe ist stark an die Familienformen, die Geschlechterrollen und andere Kulturmuster einer bestimmten Gesellschaft gebunden, sowie an verschiedene rechtliche, gesellschaftliche und wirtschaftliche Randbedingungen.

Sie muss in der Mehrzahl der bekannten Gesellschaften nicht notwendigerweise Zärtlichkeit umfassen, immer jedoch Elemente der Fürsorge und Verantwortlichkeit aufweisen. Oft auch erwartet man von einem liebenden Vater, dass er sich Söhnen und Töchtern gegenüber unterschiedlich gibt.

[…]" („Vaterliebe", 2023).

Wie geht es den Vätern in der Gesellschaft, wenn sie dies lesen? Finden sie sich und ihre Einstellung dem Kind gegenüber wieder? Auf jeden Fall ist die unterschiedliche Erwartungshaltung an Mütter und Väter sehr deutlich.

Lieber Realfilme?

Ein befreundeter Vater von vier Kindern bat mich, seine Aussage in mein Buch mit aufzunehmen. „Als mein Sohn nachts ständig anfing zu schreien, stand ich schlaftrunken an seinem Bett und dachte wirklich: Du Arschloch!" Er bat darum, weil er meinte, wir sollten alle viel ehrlicher mit unseren negativen Gedanken und Gefühlen im Zusammenhang mit Kindern sein. Dann wüssten junge Eltern viel besser, was auf sie zu käme. Sie hätten viel eher einen „Realfilm" als einen Wunschfilm vor Augen. Dadurch könnte man Enttäuschungen und Selbstvorwürfe verringern.

Von Müttern habe ich so klare Aussagen bisher noch nicht mitbekommen. Vermutlich liegt das an dem noch höheren gesellschaftlichen Druck. Ich höre nur von Erfahrungen von Dritten. Eine Freundin hat mir beispielsweise von ihrer Freundin erzählt, dass sie ihr Kind am liebsten mal aus dem Fenster geworfen hätte. Hat sie aber natürlich nicht, denn sie ist eine liebevolle Mutter.

Dennoch kam auch sie an ihre Grenzen. Und sie war ehrlich und hat sich getraut, zu ihren Gefühlen zu stehen.

Eine Frau berichtete mir gegenüber von ihrer Schwägerin, die kurz nach der Geburt ihres Kindes, Mann und Kind ohne eine Nachricht verlassen hätte. Sie habe nie verstanden, wie die Mutter ihr Kind habe zurücklassen können. Nach meiner Erklärung der verschiedenen Gründe, hatte sie zumindest eine Vermutung. Im Rahmen eines Frauenfrühstücks gab mir über die Hälfte der anwesenden Frauen zu verstehen, dass sie so ein Buch für sich selbst als junge Mutter sehr hilfreich gefunden hätten.

Warum fällt es uns schwer, uns unserem Partner oder engen Freunden anzuvertrauen, wenn wir spüren, dass wir unserem Anspruch nicht genügen? Warum trauen wir uns nicht, Hilfe zu suchen? „Was hindert uns daran, uns so zu zeigen, wie wir sind? Dass wir in einer Gesellschaft leben, die auf Inszenierung setzt, Perfektion zum Maßstab erhebt und Schwäche missbilligt – vermutet etwa David Meyers, Psychologieprofessor am Hope College in Michigan." (Auffenberg, L./Kratzer, A., Januar 2021, S. 14)

Vielleicht ändert sich aktuell etwas bei jungen Paaren? Ein befreundeter Vater hatte den Mut, zehn Tage nach der Geburt seine Partnerin zu fragen, ob er stundenweise wieder arbeiten gehen dürfe, er würde gern seinen Kopf anstrengen. Er betonte gleichzeitig, dass sie ihm bitte sofort sagen solle, wenn sie dieses Bedürfnis ebenfalls habe, damit sie gemeinsam eine Lösung finden könnten.

Nun möchte ich Ihnen meine Geschichte erzählen: Als ich mein erstes Kind nach über 48 Stunden Wehen und einem Notkaiserschnitt direkt auf meine Brust gelegt bekam, überrollte mich nichts. Ich spürte keine besonderen Gefühle. Ich war unfassbar müde, wollte nur meine Ruhe und endlich schlafen. Hätte ich das damals gewusst, hätte ich mir sicher die 70er zurückgewünscht: Mama muss sich erholen!

Man ließ mich in einem Aufwachraum eineinhalb Stunden schlafen und pumpte gleichzeitig einen „Energiecocktail" in meine Adern. Auf diese Weise gestärkt wurde ich in das Krankenhauszimmer zu meinem Mann und meiner Tochter geschoben. Ich war sehr gespannt: Wie würde alles werden? Würde mich gleich eine Gefühlswelle überrollen?

Mein Mann legte mir meine Tochter auf den Bauch und es passierte wieder nichts. Ich wartete auf die wahnsinnige Mutterliebe, die intensiven Gefühle, die einen nun überrollen sollten, wie ich gelesen hatte. Aber da war nichts Großartiges. Nicht so, wie es in der Literatur oder von anderen Müttern beschrieben wurde. Ich war unsicher. Stimmte etwas nicht mit mir? Oder mit meinem Kind? Oder mit unserer Kombination?

Zwei Jahre später bekam ich noch eine Tochter. Diesmal ein geplanter Kaiserschnitt. Nach ihrer Geburt wollte und musste ich weinen. Immerhin!

Dennoch war ich mit meinen Gefühlen, die ich für meine beiden Kinder hatte, nicht zufrieden. Ich hatte mir diese Mutterliebe viel großartiger, liebevoller und einzigartiger ausgemalt. Ich war enttäuscht. Es war mir unglaublich wichtig, verständnisvoller und wärmer mit meinen Kindern umzugehen, als ich es tat bzw. konnte. Ich war unzufrieden mit mir selbst, aber natürlich auch mit meinen Kindern. Wenn sie anders wären, würde ich sie mehr lieben können? Also kritisierte ich sie ständig und hoffte, würden sie sich anders verhalten, wäre es leichter. Natürlich wurde es auf diese Weise nicht besser, im Gegenteil. Die Kinder wurden angespannter und ich dadurch noch unzufriedener. Ich fühlte mich immer schlechter, immer unzureichender. Das war ein Teufelskreis. Ich genügte mir als Mutter nicht. Denn ich hatte meine Kinder doch so annehmen wollen, wie sie waren. Warum war das bloß so schwierig?

Diese Erfahrung würde ich Ihnen gerne ersparen. Da ich das aber nicht kann, habe ich dieses Buch geschrieben. Ich fragte mich damals, wie ich die Situation verändern könnte. Bis ich irgendwann beschloss, mich selbst zu ändern. Genauer gesagt, meine Gefühle für meine Kinder, meine Mutterliebe. Allein diese Entscheidung zu treffen, tat sehr gut, denn es gab mir Hoffnung und die Möglichkeit, selbst aktiv zu werden.

Meine zentralen Fragen waren ab sofort:

Welche Gefühle möchte ich meinen Kindern gegenüber haben? Welche Beziehung möchte ich zu ihnen haben? Hierbei ist unsere Vorstellungskraft enorm wichtig! Ich würde diese nie missen wollen, im Gegenteil. Deswegen möchte ich Sie bitten, geben Sie Ihre Vorstellung von Ihrem Mutter- oder Vaterdasein nie auf! Halten Sie an ihr fest! Sie weist Ihnen Ihren Weg zum Ziel. Wir alle haben die Möglichkeit, unsere Haltung unserem Kind gegenüber zu ändern, um die Eltern zu werden, die wir von Herzen sein möchten.

Im Laufe der Zeit überlegte ich mir verschiedene Methoden, um meine Liebe zu stärken und probierte sie täglich aus. Es wurde ein Ringen mit mir selbst, frei nach dem Motto „Zwei Schritte vor und einer zurück". Ich ahnte nicht, wie schwierig es sein würde, meine Glaubenssätze und Verhaltensmuster aufzubrechen, die ich in meinem bisherigen Leben gelernt und verinnerlicht hatte. Dennoch war ich überzeugt davon, dass es sich lohnen würde. Das Ziel nicht aus den Augen zu verlieren, gab mir Kraft, mich nach Rückschlägen wieder aufzuraffen und weiterzukämpfen. Für meine Kinder und letztlich auch für mich.

Mit jedem einzelnen Schritt vorwärts wurde es tatsächlich unmöglicher, aufzugeben. Denn ich spürte die kleinen positiven Gefühlsänderungen meinen Kindern gegenüber und wusste, es ist wirklich möglich. Ich bin auf dem richtigen Weg. Die Methoden funktionieren.

Und tatsächlich kam irgendwann der Tag, an dem ich mit dem erreichten Niveau an Mutterliebe zufrieden, glücklich und sogar stolz war! Ich spürte nun tatsächlich so viel Mutterliebe, wie ich mir zu Beginn vorgestellt und gewünscht hatte. Der Kampf war beendet! Ich fühlte mich wie befreit durch das dauerhafte liebevolle Gefühl meinen Kindern gegenüber. Was nicht bedeutet, dass ich mich nicht hin und wieder über sie ärgern kann und auch tue. Das Grundgefühl stimmt jedoch.

Allein, dass Sie bis hierhergekommen sind, zeigt, dass Sie die liebevolle Mutter oder den liebevollen Vater in sich tragen, der oder die nun herauskommen möchte. Ich möchte Sie einladen und ermutigen, diesem Teil mehr Raum zu geben. Vielleicht ist er noch klein oder teilweise versteckt, aber mit etwas Geduld können wir sie bzw. ihn gemeinsam entwickeln.

Ich möchte Ihnen kurz erklären, wie mein Trainingsplan aussieht. Als Lehrerin und Pädagogin weiß ich, dass wir am effektivsten lernen, wenn wir die folgenden drei Komponenten Denken, Fühlen und Handeln berücksichtigen.

Noch deutlicher betont dies die amerikanische Professorin für Sozialarbeit Brené Brown in ihrem Buch „Laufen lernt man nur durch Hinfallen":

„Auch wenn einige Forscher und Kliniker behaupten, wir könnten unser Leben ändern, indem wir jeweils nur unsere Gedanken, unsere Handlungen oder unsere Gefühle ändern, habe ich in meiner Forschung keinen Beleg für einen echten Wandel gefunden, solange wir uns nicht mit allen dreien als gleichwertige Teile eines Ganzen befassen, Teile, die so unbedingt erforderlich sind wie die drei Beine für den Hocker." (Brown, 2016, S. 82)

Das bedeutet, dass Sie nachhaltige Veränderungen nur bewirken können, indem Sie das Denken, Fühlen und das Verhalten gleichmäßig berücksichtigen.

Aufgrund dessen versuche ich eine Einteilung der verschiedenen Methoden in diese drei Bereiche. Auf diese Weise können Sie darauf achten, aus allen eine Übung auszuwählen, so dass die Veränderung möglichst gewinnbringend für Sie ist:

Zum Bereich „Denken" gehören aus meiner Sicht:
- Energiequellen
- Energieräuber
- Energie sparen
- Vorbild - verzweifelt gesucht!
- Wer bist du?

Zum Bereich „Fühlen" gehören:
- Supermama oder Superpapa
- Grundgefühl – bei Fuß!
- Gefühlstraining
- Wie geht's dir?
- Stopp!

Zum Bereich „Verhalten/ Handeln" gehören:
- Hallo…?
- Oh, oh!
- Sorry, baby!
- Stärkung gefällig?

Die einzelnen Kapitel finden Sie nachfolgend in einer anderen Reihenfolge, da meine Priorität auf einem logischen Aufbau lag.
Der erste Schritt ist sogar schon getan! Die Bereitschaft, die eigene Mutter- bzw. Vaterliebe genauer anzusehen ist Grundvoraussetzung für die Stärkung derselben. Das Bedürfnis, diese zu steigern, ist der Anfang eines – zugegebenermaßen - manchmal anstrengenden, aber überaus lohnenswerten Prozesses. Wenn ich es schaffen konnte, können Sie das auch!
Nun geht's aber wirklich los! Meinen herzlichen Glückwunsch! Sie können stolz auf sich sein:
Sie sind bereit, Ihrem Kind zuliebe an sich zu arbeiten! Ich persönlich bin sehr stolz auf Sie! Und ganz nebenbei lernen Sie sich selbst besser kennen und akzeptieren. Möglicherweise werden Sie liebevoller zu sich selbst?

Jetzt wünsche ich Ihnen von Herzen viel Erfolg und Geduld - mit sich und Ihrem Kind!

POWER ON!

In diesem Kapitel geht es darum, dass Sie möglichst viel Kraft und Energie für Ihre Aufgabe haben. Fühlen Sie sich eingeladen, Ihren Alltag genauer anzusehen und den Fokus auf die positiven Dinge zu richten.

Alles Gefühl, oder was?

Jeder Mensch hat viele verschiedene, positive und negative Gefühle über den Tag verteilt. Die gute Nachricht ist: Die positiven Gefühle kommen häufiger vor. Wenn Sie sich jetzt wundern und meinen, bei Ihnen sei das anders, hängt das vermutlich mit der Evolution zusammen. An die negativen Emotionen wie Angst, Wut, Zorn, Traurigkeit oder Verzweiflung etc. erinnern wir uns besser, da sie intensiver wahrgenommen werden. Die Psychologin Ursula Nuber beschreibt im Vorwort des Buches „Die Macht der guten Gefühle" von Barbara Fredrickson (2011), dass der Mensch als Art nur überleben konnte, weil er sich auf das konzentrierte, was schieflaufen konnte, und nicht auf das, was problemlos war. Sonst hätten wir vermutlich als Rasse nicht überlebt. Sie ist überzeugt, dass wir dieses auf Gefahren und Probleme orientierte Gehirn noch heute besitzen. Dies habe zur Folge, dass im Leben der meisten Menschen, die negativen Gedanken und Gefühle eine Vormachtstellung hätten. Vermutlich neigen wir aus diesem Grund im Umgang mit unseren Kindern dazu, verstärkt Probleme zu sehen und uns Sorgen zu machen. Das ist also natürlich, aber weder für uns noch unser Kind gewinnbringend.

Barbara Fredrickson ist eine bekannte Forscherin und Professorin auf dem Gebiet der positiven Psychologie und beschreibt in ihrem oben erwähnten Buch sehr anschaulich, dass uns positive Gefühle wie Freude, Dankbarkeit, Heiterkeit, Hoffnung, Stolz, Liebe etc. kreativer, gesünder und sozialer werden lassen. Sie entwickelte auch die Broaden- and Build-Theorie. Diese besagt: Positive Gefühle tragen dazu bei, dass wir offener sind und dadurch erweitert sich unsere Wahrnehmung und schließlich sogar buchstäblich unser Horizont (englisch: broaden = erweitern). Denn unsere positiven und negativen Gedanken prägen unsere Nervenbahnen im Gehirn. Was wir heute denken, prägt unser Handeln von morgen. Auf diese Weise können wir sogar neue Lösungen für unsere Probleme finden. Und schließlich entwickeln sich daraus neue Fähigkeiten, Beziehungen oder andere ungeahnte Möglichkeiten (englisch build = aufbauen, wachsen, steigern). (In Kapitel 9 dazu später ausführlicher.)

Es lohnt sich folglich, auch unabhängig von der Stärkung der Elternliebe, seine positiven Gefühle bewusster wahrzunehmen.

Besonders im Alltag fällt uns dies jedoch schwer. Als Eltern wächst einem die Arbeit schnell über den Kopf. Eine Möglichkeit, die guten Momente bewusster zu erleben, ist, den Tag am Abend Revue passieren zu lassen und diese in einem Positiv-Tagebuch zu sammeln. Wenn Sie dies über einen längeren Zeitraum (mindestens vier Wochen lang) jeden Abend machen, werden Sie merken, dass es Ihnen leichter fällt, sich an die schönen Momente zu erinnern. Gleichzeitig konnte ich feststellen, dass ich bereits innerhalb des erlebten Moments bewusster dabei war und schöne Momente schon währenddessen genießen konnte. Darüber hinaus kann eine Sammlung positiver Momente leichter über schlechte Phasen hinweghelfen.

Sie merken es vermutlich gerade, jetzt sind Sie dran!

Wann hatten Sie heute einen schönen Moment?

Was war der bisher schönste Moment mit Ihrem Kind?

Energiequellen

Damit Sie auf Ihrem Weg möglichst viel Energie haben, ist es sinnvoll, Ihre Kraftquellen zu kennen. Was gibt Ihnen Energie? Wo können Sie auftanken, wenn Sie der Alltag mit Ihrem Kind zu viel Kraft kostet? Machen Sie sich diese bewusst und nutzen Sie sie! Wann immer möglich, bauen Sie diese Tankstellen in Ihren Alltag ein! Denn auf diese Weise können Sie möglichst entspannt und gelassen auf die vielen Herausforderungen eines Tages reagieren. Sie sind weniger gestresst und haben mehr Geduld mit sich und Ihrem Kind.

Notieren Sie sich am besten ein paar Ihrer Ideen zu folgenden Punkten: Was entspannt mich? (Fragen Sie auch Ihre Freunde oder Verwandte, was sie bei Ihnen beobachtet haben.)

Was macht mich glücklich?

Wofür bin ich dankbar?

Mit welchen Menschen fühle ich mich wohl? Mit wem lache ich oft und gern?

Was habe ich als Kind gern gemacht?

Wo in meinem Körper spüre ich meine positive Energie? Wie fühlt sich das an?

Wie kann ich diese Kraftquellen in meinem Alltag nutzen?

Wann kann ich sie einbauen?

Wen kann ich um Unterstützung bitten?

Lesen Sie sich jetzt all Ihre Kraftquellen nochmals durch! Welche spricht Sie gerade am meisten an?
Welche Tankstelle können Sie morgen schon nutzen? Oder sogar heute?

Falls Ihnen diese Übung schwerfällt, hier ein paar Anregungen für Sie:

Wenn es Ihnen guttut, draußen an der frischen Luft zu sein, gehen Sie mit Ihrem Kind möglichst viel nach draußen. Wenn Sie Freude an Blumen haben, kaufen Sie sich einen Blumenstrauß und stellen ihn sich in den Raum, indem Sie sich am meisten aufhalten. Viele leckere Sachen gibt es mittlerweile To Go, gönnen Sie sich hin und wieder etwas und genießen Sie es zu Hause oder auf Ihrem Weg!

Bei Dingen, die Sie ohne Ihr Kind machen möchten, wie beispielsweise mal ganz allein sein, ins Kino gehen, Freunde treffen o.ä., bitten Sie nahestehende Menschen um Unterstützung. Wer kann und darf auf Ihr Kind aufpassen? Zu welchen Tageszeiten braucht Sie Ihr Kind weniger?

Energieräuber

Ebenso wichtig ist es für Sie, zu wissen, welches Ihre Energieräuber sind, egal ob Menschen, Tiere oder Dinge. Möglicherweise können Sie sie vermeiden oder zumindest einschränken. Auf diese Weise bleibt Ihnen mehr Energie für sich und Ihr Kind.

Wer oder was raubt Ihnen Energie?

Wie und wo in Ihrem Körper merken Sie das?

Welche davon können Sie leicht vermeiden?

Welche davon können Sie zumindest einschränken?

Und über welche Energieräuber wollen Sie bei Gelegenheit nachdenken?

Ein großer Energieräuber war in meinem Fall zu wenig Schlaf. Manchmal meinte ich, abends noch einen Film fertig sehen zu müssen. Nachdem ich jedoch ein paar Mal beobachtet hatte, dass ich am nächsten Tag schlechtere Laune hatte, mich an den Film kaum erinnern konnte und meine Kinder häufiger anmeckerte, verzichtete ich recht konsequent darauf. Für uns Eltern ist es hilfreich, wenn wir wissen, wo unsere Prioritäten sind: Was ist mir wichtiger? Und dann entsprechend handeln.

Energie sparen

Manche Energiequellen stehen uns leider nicht jederzeit zur Verfügung und manche Energieräuber wird man einfach nicht los. Aber vielleicht gibt es im Alltag wiederkehrende Situationen, in denen Sie Energie sparen können? In der heutigen Zeit ist dies in allen Bereichen ein großes Thema, also nutzen wir es auch für uns:

Jeden Tag fragen wir uns aufs Neue: Was ziehe ich an? Und was koche ich heute? Sicher haben Sie Lieblingskleidung und Lieblingsgerichte. Bevor Sie sich also jeden Tag dasselbe fragen, machen Sie sich am besten einen Wochenplan. Niemand erwartet von einer jungen Mutter, dass sie immer top angezogen und gestylt ist, außer Ihnen selbst. Welche Anziehsachen sind fleckresistent und leicht zu kombinieren? Auch müssen Sie nicht mit der abwechslungsreichen Speisekarte einer 5-Sterne-Küche mithalten. Was essen Sie gern häufiger? Und kochen Sie ruhig mehr davon, dann haben Sie noch eine Portion für den nächsten Tag oder Sie frieren etwas für stressige Tage ein. Wenn sich ihr Plan bewährt, kommen Sie jede Woche darauf zurück. Wenn Sie Kleinigkeiten ändern möchten, tun Sie das. Oder entwerfen Sie einen weiteren Wochenplan.

	Essen	Kleidung
Montag		
Dienstag		
Mittwoch		
Donnerstag		
Freitag		
Samstag		
Sonntag		

Ebenso helfen uns Rituale Energie zu sparen, da wir weniger Entscheidungen treffen müssen. Welche Rituale haben sich für Sie bewährt und tun Ihnen gut? Wann sind Sie jeden Tag aufs Neue gestresst? An welcher Stelle könnte Ihnen ein weiteres Ritual helfen?

Wie könnte das neue Ritual aussehen?

STÄRKEN STÄRKEN

Apropos stärken, wie sieht es mit Ihrer Energie aus?
Sie haben nun schon einige Kapitel gelesen und bearbeitet. Brauchen Sie eine
Pause? Gönnen Sie sich diese und lassen Sie einzelne Fragen in Ruhe nachwir-
ken.
Im Weiteren werden wir uns mit Ihren persönlichen Stärken befassen, bevor
wir uns die Stärken anderer genauer ansehen.

Supermama und Superpapa

Jetzt geht es ganz um Sie und Ihr Kind. Wenn ich Sie nun frage, was bei Ihnen
zu Hause gut läuft und was Sie bereits gut machen, ahne ich schon, wie unangenehm Ihnen das ist. Wahrscheinlich sind Sie nicht mit sich zufrieden, denn
sonst würden Sie dieses Buch vermutlich nicht lesen. Aber lassen Sie sich ver-
sichern, Sie sind sicher zu kritisch mit sich. Könnte sein, dass wir das in unserer
Kindheit gelernt haben. In dieser sensiblen Zeit bekommt man den ein oder
anderen Glaubenssatz mit ins Gepäck. Manchmal sind das ganz tolle, die uns
Mut machen und an uns glauben lassen. Nicht selten sind sie jedoch hinder-
lich und wir denken, wir genügten nicht und machten alles falsch. Das stimmt
jedoch nicht. Natürlich machen Sie viel super! Also, Hand aufs Herz:

Was läuft bei Ihnen zu Hause gut?

Was können Sie gut?

Was machen Sie als Mutter oder Vater in Ihren Augen richtig gut?

Wie fühlt sich das an?

Wo spüren Sie das in Ihrem Körper?

Und nun machen Sie entweder eine schöne Pause oder gehen Sie zu Kapitel
Let`s celebrate!
Sie dürfen jeden kleinen Schritt feiern!

Vorbild - verzweifelt gesucht!

Uns unserer Ressourcen bewusst zu sein und diese zu nutzen, ist auch für unser Gehirn bereichernd. Da diese wissenschaftliche Erkenntnis so wichtig ist, möchte ich an dieser Stelle nochmals erwähnen: Glücksgefühle stellen einen Nährboden für unser Gehirn dar, tragen zu seiner Erholung bei und können die Bildung neuer Nervenzellen anregen. Deshalb ist unser Gehirn in meinen Augen beim Training der Elternliebe das zentralste Element:
Die Hirnforschung stellte fest, dass unsere Gehirnnerven untereinander verschaltet sind. Je häufiger ein Strang genutzt wird, desto stärker und desto schneller wird ein Impuls an das Gehirn weitergeleitet. Experten sprechen hier von einer sich bildenden Autobahn. Alle Gedanken oder Handlungen, bewusster oder unbewusster Art hinterlassen in unserem Gehirn neuronale Spuren. In unserem Alltag hat dies viele Vorteile, denn auf diese Weise geht uns Vieles schneller von der Hand. Wir sparen Energie. Allerdings funktionieren diese Autobahnen auch bei negativen Gefühlen und Gedanken, die sich festigen. Es lohnt sich daher, auf unsere Gedanken zu achten und unsere bestehenden Autobahnen zu hinterfragen. Der Hirnforscher Gerald Hüther betont, dass wir Menschen über ein plastisches, sich zeitlebens veränderndes Gehirn verfügen.
„Ein solches Gehirn besitzt nur der Mensch. Er ist das einzige Lebewesen, das sich frei entscheiden kann, wie und wofür er sein Gehirn einsetzen will und - weil es dann auch noch so wird, wie er es einsetzt- was für ein Gehirn er bekommen will.
[...]
Wer vermeiden will, dass in seinem Gehirn nur wenige, dafür aber sehr breite Autobahnen entstehen, die dann seine gesamte weitere Wahrnehmung, sein Fühlen, Denken und Handeln bestimmen, der muß versuchen, sein Gehirn umfassender zu nutzen.
[...]
Am besten gelingt das, wenn er sich bestimmte Haltungen zu eigen macht, die ihn ganz von selbst zwingen, sein Gehirn so komplett und so vielseitig wie möglich zu benutzen. Achtsamkeit, Behutsamkeit, Mitgefühl und Empfindsamkeit sind solche Haltungen [...]" (Hüther, G., Die Bedeutung emotionaler

48

Sicherheit für die Entwicklung des kindlichen Gehirns in Gebauer, K./ Hüther, G., 2011, S. 16, 17)

Das bedeutet verkürzt, wir können unser Gehirn „umprogrammieren" und zwar alle Menschen, unabhängig vom Muttersein. Es braucht etwas Zeit und Geduld, aber es ist tatsächlich möglich. Beispielsweise können wir neue Vorstellungen herausbilden, indem wir gewünschte Bilder, Reaktionen, Verhaltensweisen etc. so oft wie möglich denken. Auf diese Weise entstehen in unserem Gehirn im Laufe der Zeit neue neuronale Autobahnen. Es ist aus meiner Sicht mit einem Sporttraining vergleichbar. Wir strengen uns an, investieren Zeit und unser Körper verändert sich.

Um unserem Ziel, mehr Elternliebe zu spüren, näher zu kommen, bieten wir unserem Gehirn am besten neue Gedanken oder Bilder an. Auf diese Weise kann uns unser Gehirn möglichst gut unterstützen und baut uns mit der Zeit eine neue neuronale Autobahn. Je häufiger und intensiver wir uns diese Gedanken und Bilder vorstellen, desto schneller kann sich diese bilden.
Am einfachsten ist es, wenn wir dafür Bilder nutzen, in diesem Fall Vorbilder.

Bei welchen Menschen spüren wir Elternliebe ihrem Kind gegenüber?
Diese können uns real begegnet sein, in Form einer verwandten oder einer bekannten Person. Möglicherweise waren wir aber auch von einer Mutter oder einem Vater in einem Buch, Film oder einer Serie begeistert? Eventuell haben wir religiöse Bilder, die sich als Vorbild eignen? Oder wir verbinden bestimmte Verhaltensweisen mit der Mutter Erde oder dem göttlichen Vater? Wer ist ein geeignetes Vorbild für Sie?

Was gefällt Ihnen an dieser Person?

Was genau gefällt Ihnen an deren Beziehung zu ihrem Kind?

Was fühlt diese Person vermutlich ihrem Kind gegenüber?

Woran erkennen Sie das?

Und nun zu Ihnen: Wie möchten Sie als Mutter oder als Vater sein?

Was ist Ihnen am wichtigsten im Umgang mit Ihrem Kind?

Worauf werden Sie ab sofort (noch) mehr achten?

LASST UNS (WIEDER) FÜHLEN!

Wie bereits beschrieben, haben wir als Kinder wahrscheinlich gelernt, unsere Gefühle zu unterdrücken. Nun wird es Zeit, diese aus all den Glaubenssätzen und Aufträgen, die wir mitbekommen haben, zu entwickeln.

Grundgefühl - bei Fuß!

Da ich schon häufiger von einem Grundgefühl sprach, möchte ich Ihnen nun erklären, was ich darunter verstehe: Es ist das Gefühl, dass Sie Ihrem Kind gegenüber gerne dauerhaft spüren möchten. Das Gefühl, welches Sie die meiste Zeit des Tages begleiten soll und unser vorherrschendes Gefühl, wenn wir an unser Kind denken. Ich spreche bewusst von dem Gefühl, das wir unserem Kind gegenüber spüren möchten. Nicht von dem Gefühl, das wir uns von unserem Kind wünschen! Kinder lieben Eltern bedingungslos. (Erst wenn sie älter werden und sich ablösen, kann sich das ändern.)
Es ist das Geburtsrecht unseres Kindes, dass es versorgt und geliebt wird - und zwar von uns Eltern! Es gibt kein Elternrecht, geliebt zu werden. Bei der Stärkung unserer Elternliebe geht es also um unsere Liebe zum Kind. Wir arbeiten an uns, um unserem Anspruch an Vater- oder Mutterliebe zu genügen. Dies *kann* schließlich zur Folge haben, dass sich unsere Beziehung zum Kind verbessert. Möglicherweise verändern sich dadurch sogar dessen Gefühle uns gegenüber. Dies ist allerdings nicht garantiert und auch nicht das Ziel. Unser Ziel ist es, dass wir uns besser fühlen, indem wir unseren eigenen Vorstellungen genügen. Das muss Ihnen bewusst sein!

Nun zurück zu unserem Grundgefühl: Natürlich möchten alle Eltern am liebsten immer ein positives Gefühl ihrem Kind gegenüber haben. Bevor wir uns nun jedoch verbiegen und Unmenschliches von uns erwarten, möchte ich Entwarnung geben. Aus eigener Erfahrung kann ich Ihnen sagen, dass ich mich trotz aller Übungen durchaus über meine Kinder ärgern kann. Das ist manchmal befreiend und für meine Kinder ein klares Signal, dass es Grenzen gibt. Es geht nicht darum, keinen Ärger oder keine Wut mehr zu spüren oder zu zeigen. Die Kinder dürfen und müssen wissen, dass wir mit manchen ihrer Verhaltensweisen nicht einverstanden sind. Das nennt man Erziehung und das ist unsere Aufgabe. Zudem ist es für die Entwicklung der Kinder wichtig, dass sie Frust erleben und ein Nein aushalten lernen. Der dänische Familienexperte Jesper Juul (2008) hat in seinem Buch „Nein aus Liebe; Klare Eltern - starke Kinder" die Fähigkeit des Erwachsenen beschrieben, für die eigenen Bedürfnisse Sorge zu tragen, ohne das Kind zu vergessen. Dies nennt er eine gleichwürdige Beziehung. (Beiden wird dieselbe Würde zugestanden, keinesfalls dieselben Rechte und Pflichten.) Wir Erwachsene müssen unsere Bedürfnisse und Grenzen kennen und ernst nehmen. Und je nachdem ein Nein aussprechen. Es geht in der Erziehung nicht darum, Konflikten aus dem Weg zu gehen oder sich beim Kind beliebt zu machen.

Um diesen Punkt zu verdeutlichen, möchte ich auch den englischen Kinderpsychoanalytiker Donald W. Winnicott erwähnen, der erforschte, dass eine *good enough mother (hinreichend gute Mutter)* für die gesunde Entwicklung eines Kindes sogar besser sei, als eine *too-good-mother (perfekte Mutter),* die alle Bedürfnisse ihres Kindes sofort zu befriedigen versucht. Sie gibt zu viel und erträgt es nicht, wenn das Kind sie ablehnt. Die Psychoanalytikerin Judith Jackson spricht in diesem Zusammenhang sogar von einer Vernachlässigung des Kindes, ähnlich der, die man von Kindern kennt, denen zu wenig gegeben wurde. Dieser nachgiebige Erziehungsstil kann beim Kind zu einem ungesunden Narzissmus führen oder sogar zu pathologischem Verhalten. (Ustorf, A.-E., Februar 2010)

Unser Ziel ist folglich kein Zuviel, aber auch kein Zuwenig. Es ist selbstverständlich, dass wir das Wohl des Kindes im Blick haben - und zwar langfristig. Wie Jesper Juul schreibt, geht es um ein gleichwürdiges Verhalten, das neben unseren eigenen auch die Bedürfnisse unseres Kindes wahrnimmt. Auf diese Weise kann das Kind soziales Verhalten, Konfliktfähigkeit, Rücksichtnahme und Nein sagen lernen. Ja, unser Kind soll später Nein sagen können!

Am Anfang war ich überzeugt davon, mir jegliche negativen Gefühle verbieten zu müssen und versuchte, mir diese auszureden. Ahnen Sie, was dann passiert ist? Kennen Sie das psychologische Experiment mit dem blauen Elefanten? Die Aufgabe ist einfach und lautet:

Denken Sie NICHT an einen blauen Elefanten!

Woran haben Sie gerade gedacht? Vermutlich an einen blauen Elefanten - zumindest war dies das Ergebnis des Experiments. Man denkt an das, was man vermeiden möchte. (Deswegen sollte man den Kindern sagen, welches Verhalten man sich von ihnen wünscht, also positiv formuliert und nicht, was sie lassen sollen.)

Genauso war es zu Hause mit meinen Kindern. Ich war völlig unausgeglichen und konnte nur noch daran denken, wie ich nicht sein wollte. Und wie war ich? Genauso -wie ich nicht sein wollte! Das erzähle ich Ihnen, damit Sie sich und Ihrem Kind diese Erfahrung ersparen.

Ich musste meine Herangehensweise folglich grundlegend ändern. Wenn ich nicht an den blauen Elefanten denken will, muss ich mich fragen, woran ich alternativ denken will. Dabei half mir einerseits das bereits gefundene Vorbild aus dem vorangegangenen Kapitel vor Augen zu haben und mich andererseits zu fragen: Welche positiven Gefühle möchte ich meinen Kindern gegenüber haben? Gleichzeitig nahm ich Druck heraus, indem ich nicht jedes einzelne Gefühl über den Tag bewertete, sondern mich fragte, welches Gefühl am Ende des Tages überwiegen sollte. So kam ich zu dem Begriff des Grundgefühls. Dieses können wir nur Dank unserer Vorstellungskraft entwickeln, weswegen ich diese so wichtig finde: Es hilft, wenn wir klar vor uns sehen, wie wir sein wollen.

Mit welchem Gefühl für Ihr Kind möchten Sie abends gern ins Bett gehen und am Morgen aufstehen? Mit welchem Gefühl möchten Sie es morgens begrüßen oder es vom Kindergarten abholen? Das Grundgefühl ist das Gefühl, das ich habe, wenn ich an meine Kinder denke oder das, mit dem ich sie begrüße, wenn sie zur Tür hereinkommen. Aus diesem Gefühl heraus erwächst im Laufe der Zeit unsere Haltung unserem Kind gegenüber.

Ich bin davon überzeugt, dass diese wiederholte Vorstellung es uns im Alltag ermöglicht, anders auf unser Kind zuzugehen. Denn wir haben dieses neue Verhalten in unserer Vorstellung trainiert. Dies ist z.B. auch hilfreich, wenn wir ärgerlich sind. Sobald der Ärger ein wenig nachlässt, können wir uns wieder daran erinnern, welches Grundgefühl wir unserem Kind gegenüber haben wollen. Diese Bewusstmachung führt dazu, dass wir uns in der Situation schneller entspannen. Sie spüren, wie die Wut nachlässt und Sie können ihre Reaktion verändern.

Im Folgenden werden Sie sich Ihr persönliches Grundgefühl erarbeiten. Nehmen Sie sich hierfür bitte unbedingt Zeit und Ruhe. Denn dies ist die Basis Ihres gesamten Prozesses und gleichzeitig das Ziel all Ihrer Bemühungen.

Da Sie hierfür möglichst entspannt sein sollten, möchte ich Sie an dieser Stelle ermutigen, zuerst eine Ihrer Kraftquellen zu nutzen, die Sie sich im Kapitel „Energiequelle" erarbeitet haben. Sollten diese gerade nicht verfügbar sein, könnten folgende Anregungen helfen, sich zu entspannen:

- Fühle ich mich hier, wo ich bin, sicher? Sehen Sie sich um, als ob Sie Ihre Umgebung wie in einem Museum betrachten wollten.
- Mit allen Sinnen wahrnehmen: Wo bin ich gerade? Was höre ich? Was fühle ich? Was rieche ich? Was schmecke ich? Was sehe ich?
- Auf die Atmung achten und dabei besonders auf die Ausatmung: Können Sie bis tief in den Bauch einatmen? Und anschließend die komplette Luft vollständig ausatmen, bis sich Ihr Bauchnabel sogar nach innen wölbt?
- Was kann ich gerade genießen? Was gefällt mir hier?
- Was war heute schon ein schöner Augenblick? Worüber habe ich mich gefreut?
- Wann war ich zuletzt richtig entspannt? Was war das für eine Situation?

So gestärkt möchte ich Ihnen nun meine Übung zur Bestimmung Ihres Grundgefühls vorstellen:

Suchen Sie sich einen ruhigen Ort und nehmen Sie sich Zeit!

Welches Grundgefühl wollen Sie Ihrem Kind gegenüber haben? Wir nähern uns diesem in drei Schritten an:

1. Den ersten Schritt haben Sie sich bereits im letzten Kapitel erarbeitet: Wie möchten Sie als Elternteil sein? Haben Sie das Bild einer positiven Eltern-Kind-Beziehung im Kopf? Wie soll Ihre Beziehung zu Ihrem Kind aussehen?
(Fühlen Sie sich ein!)

2. Schritt: Hier brauchen Sie wieder Ihre Vorstellungskraft: Erträumen Sie sich nun eine angenehme Situation mit Ihrem Kind!

Stellen Sie sie sich ganz genau vor: Wo sind Sie? Was machen Sie? Was macht Ihr Kind in dieser Situation?

Wie sehen Sie Ihr Kind in dieser Situation an? Wie sieht Ihr Kind Sie in dieser Situation an?

3.   Schritt: Erst wenn Sie diese Situation mit Ihrem Kind ganz klar vor sich sehen, achten Sie auf Ihr Gefühl! Was fühlen Sie? Wo in Ihrem Körper spüren Sie es? Im Kopf, in der Brust, im Bauch?
Wie fühlt es sich an? Warm oder kalt, neblig, flüssig, strahlend? Das kann sehr unterschiedlich sein. Vielleicht finden Sie diese Übung etwas sonderbar, tatsächlich ist sie jedoch wichtig. Denn je genauer Sie sich das Gefühl vorstellen, desto leichter fällt es Ihnen später, sich wieder daran zu erinnern! Deswegen versuchen Sie sich am besten auch vorzustellen, welche Farbe oder Form dieses Gefühl für Sie hat. Schreiben Sie es hier auf oder malen Sie es!

Diese Übung ist sehr wichtig! Deswegen wiederholen Sie sie bitte möglichst häufig! Vor Augen zu haben, was man will, ist wichtig, um es zu erreichen. Auch wenn Sie vielleicht gerade am Anfang den Eindruck haben, es sei Lichtjahre entfernt. Denken Sie an unsere Hirnzellen! Sie brauchen Training!

Gefühlstraining

Machen wir uns noch einmal bewusst, dass es unserem Gehirn -und damit uns- guttut, Glücksgefühle zu haben. Nutzen wir diese Kraftquelle für eine weitere Übung zur Steigerung unserer Elternliebe:
Wenn Sie einen ruhigen Moment haben, setzen Sie sich hin und überlegen Sie, wann Sie in Ihrem Leben richtig glücklich waren oder jemanden geliebt haben. Diese Erinnerung kann natürlich unabhängig von Ihrer Elternrolle sein. Wann waren Sie richtig glücklich? (Lassen Sie die Frage auf sich wirken! Welche Bilder kommen Ihnen in den Sinn?)
Was war da? Gehen Sie gedanklich in diese Situation hinein! Stellen Sie sie sich ganz genau vor! Sehen Sie alles vor sich? Wo sind Sie? Was machen Sie? Mit wem sind Sie dort? (Schreiben oder malen Sie die Situation möglichst genau auf!)

Erst wenn Sie alles exakt vor sich sehen, fühlen Sie in sich hinein! Was spüren Sie? Wir können uns genau an unsere Gefühle erinnern. Wie fühlt es sich an? Wo spüren Sie es im Körper? Und um sich an dieses Gefühl ebenfalls leichter erinnern zu können, überlegen Sie sich bitte: Welche Form hat es? Welche Farbe hat es?

Erst wenn Sie das positive Gefühl in Ihrem Körper bewusst wahrnehmen, kommt der nächste Schritt:
Laden Sie Ihr Gefühl ein, noch etwas länger da zu bleiben und betrachten Sie ein Foto Ihres Kindes oder denken Sie an Ihr Kind. Versuchen Sie, dieses positive Gefühl zu spüren, während Sie sich Ihrem Kind in Gedanken zuwenden. Sie übertragen Ihr gutes Gefühl auf Ihr Kind. Sie trainieren Ihre Gefühle.
Führen Sie diese Übung immer wieder durch! Sie ist ein elementarer Baustein für die Stärkung Ihrer Liebe. Wichtig ist, dass Sie Ihr Kind nur in Gedanken vor sich sehen, während Sie Ihr Gefühl übertragen.
Bei regelmäßigem Wiederholen werden Sie merken, dass Ihnen diese Übung immer leichter fällt. Auch werden sich Ihre Gefühle Ihrem Kind gegenüber mit der Zeit im Alltag positiver anfühlen. Vermutlich werden Sie sogar erleben, wie sich das positive Gefühl von allein einstellt, wenn Ihr Kind zur Tür hereinkommt.

Wem diese Herangehensweise nicht behagt, der kann sein Herz mithilfe von Meditation öffnen oder weiten:

Es gibt Meditation zur Herzöffnung im Internet. Dort geht es beispielsweise darum, sich ein strahlendes Licht/ eine leuchtende Kugel o.ä. im Herzen vorzustellen und dies/e groß werden zu lassen, sogar über den gesamten Körper hinaus.

Die oben bereits erwähnte Professorin für positive Psychologie Barbara Fredrickson führte sogar eine Studie zu der aus dem Buddhismus stammenden METTA-Meditation durch. Diese ergab nach einer mehrwöchigen Dauer eine klare Zunahme von positiven Emotionen. Abgefragt wurden u.a. depressive Symptome, körperliche Beschwerden und Sinnerleben. Dass die Teilnehmer anschließend positivere Beziehungen zu ihren Mitmenschen hatten und sich mit ihnen verbundener fühlten, ist für unser Ziel ein wichtiger Hinweis.

UND SONST?

Was können wir in unserem Alltag noch tun, um die Beziehung und die Bindung zu unserem Kind zu stärken? Durch welche Kleinigkeiten vermitteln wir ihm, dass es uns wichtig ist und wir für es da sind?

Hallo...?

Wie begrüßen wir unser Kind, wenn es zur Tür hereinkommt? Diese Situation erleben wir Eltern im Alltag oft. Ebenso häufig erleben unsere Kinder, wie wir auf sie reagieren. Es ist also an der Zeit, sich diese Situation bewusst zu machen und zu hinterfragen: Welche Botschaft erhält mein Kind dabei regelmäßig?

Ihre persönliche Eltern-Kind-Beziehung wird unter anderem durch Ihre wiederkehrenden Reaktionen auf Ihr Kind geprägt. Als junge Mutter hatte ich häufig das Bedürfnis, meine Kinder genau zu „scannen", wenn sie den Raum betraten. War alles in Ordnung oder gab es einen Aufforderungscharakter? War die Kleidung nass, der Mund sauber, die Windel voll, das Kind krank etc.? Ich sah meine Aufgabe als Mutter primär im Handeln und Versorgen.

Folglich war ich völlig unentspannt und spürte, dass sich meine Kinder ebenfalls verspannten, wenn sie mich sahen. Das nahm ich wahr und es gefiel mir überhaupt nicht.

Also musste ich dies verändern, indem ich mich fragte:

Welches Gefühl möchte ich meinem Baby geben, wenn es aufwacht? Welches meinen Kindern, wenn sie vom Spielen nach Hause oder sie zur Tür hereinkommen? Welches Gefühl hätte ich als Kind gern vermittelt bekommen, wenn ich nach Hause kam?

Ich beschloss, sie besonders positiv zu begrüßen. Sie sollen spüren und fühlen, dass sie etwas Besonderes für mich sind, allein aufgrund dessen, dass sie meine Kinder sind und mich jeden Tag aushalten müssen. Ich schenke ihnen also nach wie vor meine Aufmerksamkeit, wenn sie hereinkommen, und suche Blickkontakt. Dieser signalisiert dem Gegenüber „Ich sehe dich und nehme dich wahr". Gleichzeitig können wir dadurch seine Stimmung erahnen, darauf eingehen und dem Kind zeigen: „Du bist mir wichtig!"

Meine Kinder positiv zu begrüßen, bedeutet nicht, dass ich ihnen verheimliche, wenn ihre Haare ungekämmt sind, sie noch einen Milchbart um den Mund oder Schlaf in den Augen haben. Natürlich erziehe ich sie. Aber erst nach einer herzlichen und warmen Begrüßung, nach einer Umarmung, einem Kuss oder einem Lächeln. Und vor allem erst nach der Frage, wie es war, wie sie geschlafen haben o.ä.

Sicher muss ich sie auch nicht auf jedes Manko hinweisen. Schaffe ich es vielleicht stattdessen, sie liebevoll anzusehen und etwas Positives zu entdecken? Was könnte ich loben? Was zaubert meinem Kind ein Lächeln auf seine Lippen? Kann ich meinem Kind aus Überzeugung sagen: „Schön, dass du da bist!"?

Ich möchte am Leben meiner Kinder teilnehmen und daher möchte ich wissen, was sie ohne mich erlebt haben. Wenn ich sie sofort kritisiere, haben sie vielleicht keine Lust mehr, mir irgendetwas zu erzählen. Und das fände ich furchtbar schade.

Bei älteren Kindern wird sich die Begrüßung verändern und vielleicht auf ein Minimum reduziert sein. Ich hoffe dennoch, dass ich trotzdem meinen Kindern zeigen kann, dass sie mir wichtig und willkommen sind, wenn sie das Bedürfnis danach haben.

Ich freute mich sehr, als ich beim Lesen des Buches „Verletzlichkeit macht stark" von der bereits erwähnten Professorin Brené Brown (2017) entdeckte, dass auch sie diese alltägliche Begegnung wichtig findet. Sie zitiert ein Interview mit der Schriftstellerin Toni Morrison, die darin Folgendes sagte:

„Unser Gesicht sollte ausdrücken, was wir im Herzen empfinden. Wenn meine Kinder zur Tür hereinkommen, drückt sich in meinem Gesicht aus, dass ich mich freue, sie zu sehen." (Brown, B., 2017, S. 267)

Und Brené Brown schlussfolgert, was ein Kind daraus lernen kann:

„Der erste Blick, den Ihr Kind bei jeder Begegnung mit Ihnen erhascht, kann die Weichen für die Entwicklung einer Grundhaltung stellen: Bekommt es ein natürliches, gesundes Selbstwertgefühl, oder glaubt es, stets irgendwelche Bedingungen erfüllen zu müssen?" (ebd.)

Wer bist du?

Wenn wir uns Zeit nehmen und unser Kind genauer beobachten, können wir es besser kennenlernen. Wir erkennen Vorlieben und Abneigungen. Vermutlich entwickeln wir Ideen, was unserem Kind gefallen oder missfallen könnte. Wenn Ihr Kind älter wird, können Sie es direkt fragen und werden manchmal überrascht sein, welche Antworten oder Gründe es nennt. Mit der Zeit erkennen wir seine eigene Persönlichkeit, seine eigenen Wünsche und Träume.

Sich dies zu vergegenwärtigen, halte ich für wichtig, denn vielleicht kommen uns unsere eigenen ungelebten Wünsche dazwischen, die wir möglicherweise unbewusst auf unser Kind übertragen. Damit es jedoch zufrieden ist, ist es wichtig, dass es sein eigenes Leben führen darf. Ich möchte hier nochmals kurz an die Mutter von Stephen Spielberg erinnern, die ihren Sohn in dem unterstützt hat, was er wollte.

Was gefällt meinem Kind? Was macht es gern?

Was glauben Sie, mag es daran?

Fragen Sie nun Ihr Kind!

Was mag Ihr Kind gar nicht?

Was denken Sie, stört es daran?

Fragen Sie nun Ihr Kind!

Möglicherweise finden Sie es übergriffig oder unnötig, dass ich Sie einlade, Ihr Kind selbst zu befragen. Tatsächlich habe ich manchmal die Erfahrung gemacht, dass meine Kinder im Gespräch mit Anderen Dinge anders wiedergaben, als ich vermutet hätte. Daraus habe ich gelernt, dass sich ihre Wahrnehmung geändert hat, ich mit meiner Einschätzung falsch lag oder die Antwort abhängig vom Fragensteller ist.

Aufgrund der vielen Erwartungen und Glaubenssätze, die täglich auf unser Kind einströmen, sollten wir es darin unterstützen, seine eigene Persönlichkeit zu entwickeln. Damit ist in der Psychologie häufig das wortwörtliche Entwickeln im Sinne von Auswickeln gemeint. Was ich persönlich ein schönes Bild finde: Eingewickelt in familiäre und gesellschaftliche Rahmenbedingungen wird es nach und nach ausgewickelt zu dem Menschen, der er von seinem Wesen her ist. Insofern lassen Sie uns beobachten, in welchen Bereichen sich Ihr Kind entwickelt:

In welcher Situation hat Ihr Kind Sie in letzter Zeit überrascht?

Was hatten Sie stattdessen erwartet?

Was genau hat es anders gemacht?

Was hat Ihnen daran gefallen?

Selbstverständlich entwickeln sich unsere Kinder nicht nur dahin, wohin es uns gefällt. Dann wäre das Eltern-Sein einfach. Spannend wird es in den Bereichen, die wir eher ablehnen und damit meine ich natürlich nicht die gefährlichen oder kriminellen.

Fällt Ihnen dazu auch eine Situation ein? Wann hat Ihr Kind Sie erstaunt/erschreckt/entsetzt?

Was war da? Wie ging es Ihrem Kind dabei?

Und wie ging es Ihnen in der Situation?

Oh, oh!

Manchmal gibt es mit unseren Kindern schwierige Situationen, in denen sie sich und wir uns unmöglich benehmen. Kennen Sie den Gedanken „hoffentlich sieht oder kennt uns keiner"? Wenn sich solche Situationen häufen, lohnt es sich, diese Situationen in Ruhe anzusehen. Unser Gehirn findet bekanntlich neue Lösungen, wenn wir gute Gefühle haben. Entspannt die Situation zu betrachten, hat den Vorteil, dass uns mehr Handlungsspielräume einfallen als in der angespannten Situation selbst. Auch fällt der Druck weg, sofort und gleichzeitig angemessen reagieren zu müssen.

Diesen Tipp gebe ich Ihnen gern aus Erfahrung, denn wir kamen aus unserer Negativspirale lange nicht heraus: Unsere schwierigste Zeit war sicher, als meine Kinder kleiner waren und sie sich ein Zimmer teilten. Das war lange kein Problem, bis es abends beim Einschlafen plötzlich Geschrei gab. Anfangs wunderten sich mein Mann und ich uns noch über die ungewohnte Situation und dachten, sie regle sich von allein. Aber nachdem sie allabendlich wiederkehrte und über Monate dauerte, waren wir nur noch genervt. Wir trösteten, wir schimpften, wir versuchten zu lachen - es half alles nichts. An Feierabend und Entspannung war nicht mehr zu denken, denn das Geschrei dauerte mindestens eine Stunde und wir sahen keinen Ausweg. Wir hatten leider am Tag keine Energie, Zeit oder Lust, uns über das allabendliche Drama Gedanken zu machen, um dieses zu verändern. Wir hielten es in der Hoffnung aus, dass es so, wie es angefangen hatte, wieder aufhören möge. Aber da täuschten wir uns offensichtlich.

Nehmen Sie sich eine Situation mit Ihrem Kind vor, die Sie in der aktuellen Phase stresst. Wie sieht diese Situation aus? Was machen Sie? Wie verhält sich Ihr Kind?

Warum erleben Sie die Situation als schwierig?

Wie wäre die Situation, wenn Sie sie erträumen könnten?

Wie könnten Sie noch reagieren? Welche verschiedenen Möglichkeiten fallen Ihnen ein? Es dürfen gern lustige Ideen dabei sein, die niemals umsetzbar

wären. Trotz Herausforderungen und anstrengender Zeiten sollten wir das Lachen nicht vergessen. Auch wenn sich das sehr leicht sagt: Ich habe das sicher
manchmal vergessen und infolgedessen hatten wir phasenweise „nichts zu
lachen". Machen Sie es anders! Je mehr Ideen Sie haben, desto größer wird
Ihr Handlungsspielraum. Wenn Ihnen nur wenige Varianten einfallen, fragen
Sie sich, wie der Vater oder die Mutter reagieren würde, die Sie gerne wären.
Oder kommen Sie mit anderen Menschen ins Gespräch. Holen Sie sich Ideen
und Hilfe! Wie könnte man in dieser Situation noch reagieren? Nutzen Sie Ihre
Mitmenschen als Ideengeber! Maya Storch hat den Begriff des Ideenkorbs
entwickelt: Fragen Sie Leute, die Sie nicht kennen. Was rät Ihnen die Bäckers-
frau? Ihr Friseur oder der Taxifahrer?
Sammeln Sie Ihre verschiedenen Ideen.

Lesen Sie sich alle Ideen nochmals genau durch! Welche spricht Sie am meisten an? Welche könnte eine Veränderung in die gewünschte Richtung bewirken?

Bevor Sie diese Idee in der Realität ausprobieren, stellen Sie sie sich einige
Male in Ihrer Fantasie vor, wie Sie in dieser anstrengenden Situation anders
reagieren werden. Bleiben Sie bei sich! Brechen Sie Ihre Fantasie sofort ab,
wenn Sie sich vorstellen, wie Ihr Kind reagieren könnte. Denn dies birgt die
Gefahr, dass Sie von der Realität enttäuscht sein könnten und sich womöglich
über Ihr Kind ärgern. Das würde das Gegenteil dessen hervorbringen, was Sie
anstreben. Sie ahnen schon, ich weiß, wovon ich rede.
Bleiben Sie also bei sich und fokussieren Sie, wie Sie sich verhalten möchten.
Wenn Sie dies einige Male in Ihrer Fantasie geübt haben, fragen Sie sich:
Was brauche ich noch, um diese Idee in die Realität umzusetzen?

Wenn Sie sich sicher fühlen, probieren Sie es in der Wirklichkeit aus und re-
flektieren Sie anschließend:
Was war schon gut? Was hat sich gut angefühlt? Was mache ich beim nächs-
ten Mal wieder so?
Was war schwierig? Ab welchem Punkt fühlte es sich nicht mehr gut an?
Worauf möchte ich beim nächsten Mal achten?

Gibt es jetzt - nach dieser Erfahrung - noch andere Ideen, wie ich reagieren könnte?

Lassen Sie sich nicht entmutigen, Veränderung braucht Zeit! Bleiben Sie bei dem, was sich gut anfühlt und Sie weiterbringt. Reflektieren und verändern Sie den Teil weiter, der sich noch nicht gut anfühlt. Es ist ein Prozess und wir nähern uns Stück für Stück, Schritt für Schritt unserem wahren Mutter- oder Vater-Dasein an.

Falls es Sie interessiert, wie sich unser Problem mit dem abendlichen Geschrei gelöst hat, möchte ich es Ihnen gern verraten. Die Lösung war nach all den anstrengenden und Kräfte zehrenden Abenden erstaunlich simpel. Endlich hatte ich einer erfahrenen Freundin, die bereits drei erwachsene Kinder hat, von dieser immer wiederkehrenden schwierigen Situation erzählt. Ich weiß leider nicht mehr, warum ich mich erst so spät meiner Freundin anvertraute, ob ich mich vorher nicht traute, darüber zu sprechen? Oder die Zeit mit meinen Freundinnen nur genießen wollte, indem ich unsere Probleme ausklammerte oder die anderen Freundinnen, denen ich es erzählt hatte, keine neuen Lösungsideen hatten? Jedenfalls erinnerte sich diese Freundin an eine ähnliche Phase mit ihren Kindern im selben Alter. Sie meinte, sie habe sich in dieser Zeit jeden Abend vor deren Zimmertür gesetzt und bei jedem kleinsten Geräusch, das aus dem Zimmer kam, ihre Kinder geduldig um Ruhe gebeten. Auf diese Idee wäre ich selbst nie gekommen, denn ich wollte meinen Feierabend auf dem Sofa verbringen und nicht vor der Kinderzimmertür. So angestrengt, wie mein Mann und ich nach den Monaten jedoch waren, waren wir für alles offen. Und überraschenderweise war es ab sofort kein Problem mehr. Wir saßen abwechselnd eine Woche lang vor der Tür, baten die Kinder um Ruhe und hatten nie mehr Geschrei. Beeindruckend! Und es war so einfach. Bitten wir also unsere Mitmenschen um Rat, wenn wir nicht mehr weiterwissen! Ich weiß, dass dies viel Mut erfordert - und dass es unserer Eltern-Kind-Beziehung helfen kann!

Stopp!

Bereits im Kapitel „Grundgefühl - bei Fuß!" haben wir das Thema Grenzen thematisiert. Jedoch ging es zu diesem Zeitpunkt mehr um einen allgemeinen, theoretischen Überblick. Nun möchte ich Sie einladen, Ihre persönlichen Grenzen zu erforschen. Es erleichtert den Alltag mit unserem Kind, wenn wir uns über diese im Klaren sind. Auf diese Weise können wir dem Kind rechtzeitig signalisieren, dass sein Verhalten störend oder unerwünscht ist. Wenn wir so lange warten, bis wir gereizt sind und uns so ärgern, dass wir die Kontrolle verlieren, haben wir unsere Grenze definitiv überschritten. Unsere Kinder können gut damit umgehen, wenn sie eine Grenze erklärt bekommen und diese immer gleich ist. Darauf können sie sich einlassen und es gibt ihnen das wichtige Gefühl der Sicherheit. Das sollten wir nicht unterschätzen. Unsere Kinder werden im Alltag mit so vielen unvorhergesehene neue Dingen konfrontiert, dass sie feste Strukturen, Rituale und Grenzen schätzen. Natürlich in einem gesunden Maß und natürlich würden das unsere Kinder nie sagen.

Um Ihre Grenzen besser kennenzulernen, empfehle ich Ihnen, sich selbst genau zu beobachten.

Erinnern Sie sich hierfür an eine Situation, in der Sie Ihre Grenze überschritten und Ihre Kontrolle verloren haben.

Gehen Sie bitte in die Situation hinein! Vermutlich fällt es Ihnen schwer, da es Ihnen unangenehm ist und Sie sie am liebsten vergessen würden. Wenn Sie sich aber vorgenommen haben, dass so etwas nicht noch einmal vorkommen soll, ist es hilfreich, Ihre Grenzen zu erforschen. Damit Sie Ihre Warnsignale frühzeitig wahrnehmen und darauf reagieren können.

Wo waren Sie? Wer war dabei?

Wie ging es Ihnen an diesem Tag? War etwas Besonderes?

Wie ging es los?

Was haben Sie gemacht oder gesagt?

Was hat Ihr Kind gemacht oder gesagt?

Spüren Sie in sich hinein: Wann fing der erste kleine Ärger bei Ihnen an? Wie fühlte sich der an und wo spürten Sie ihn zuerst?

Wann hätten Sie spätestens noch etwas ändern können, um die Situation zu deeskalieren? Und was hätten Sie ändern wollen?

Was hat Sie davon abgehalten?

Manchmal lernen wir neue Seiten an uns kennen, die uns nicht gefallen. Aber nur wenn wir uns ihrer bewusst sind, können wir mit ihnen umgehen. Und es ist einfach so, wirklich niemand ist perfekt. Wir dürfen mit uns selbst so verständnisvoll umgehen, wie wir es mit unserer besten Freundin oder unserem besten Freund tun würden. Was würden Sie diesem Menschen sagen, wenn er oder sie sich so verhalten hätte? Was würden Sie Ihm/ihr raten?

Wie geht es dir?

Nach solchen schwierigen Erlebnissen fragen Sie sich vielleicht, wie Ihr Kind die verschiedenen Situationen mit Ihnen erlebt. Fragen Sie sich und Ihr Kind ab und an, wie es ihm gerade geht.
Wie geht es meinem Kind aktuell?

Wann war mein Kind zuletzt richtig glücklich? In welcher Situation war das?

Habe ich etwas dazu beigetragen, dass mein Kind so glücklich war? Wenn ja, was?

Wann war mein Kind zuletzt unglücklich? In welcher Situation war das?

Habe ich etwas dazu beigetragen, dass mein Kind so unglücklich war? Wenn ja, was?

Habe ich etwas dazu beigetragen, um meinem Kind zu helfen oder es zu trösten? Wenn ja, was?

Wenn nein, warum nicht? Bestimmt hatten Sie Gründe:

Wie fühlt sich die Situation im Nachhinein für Sie an? Wo spüren Sie das Gefühl in Ihrem Körper?

Können Sie Ihre Gründe heute noch nachvollziehen oder hätten Sie lieber anders reagiert?

Sorry, baby!

Wenn Sie sich in Ihr Kind hineinversetzt haben und feststellen sollten, dass Sie lieber anders reagiert hätten, entschuldigen Sie sich bei Ihrem Kind! Dieser Punkt ist aus meiner Sicht einer der wichtigsten, um eine liebevolle Beziehung zu seinem Kind zu haben. Wir Eltern müssen nicht perfekt sein, auch wenn wir das gerne wären. In den Augen unseres Kindes sind wir es lange Zeit. Ich bin sicher, dass jedem Kind eine ernstgemeinte Entschuldigung guttut. Sie kann Verletzungen heilen, die sonst zwischen Ihnen stehen würden und im Laufe der Jahre unüberbrückbare Hürden werden könnten.

Warten Sie einen ruhigen Moment ab, vielleicht beim Ins-Bett-Bringen.

Sagen Sie Ihrem Kind, was Ihnen an der Situation leidtut. Was Sie gern anders gemacht hätten. Wenn ich mich bei meinen Kindern entschuldige und ihnen aber anschließend auch erkläre, wie es zu der Situation kam, habe ich immer den Eindruck, dass ich die eigentliche Entschuldigung dadurch relativiere. Es ist dann keine echte Entschuldigung mehr. Denn dann erwähne ich nochmals, was mir an ihrem Verhalten nicht gefiel, und das ist das, was die Kinder hören und was ihnen in Erinnerung bleibt. Die Entschuldigung hören sie gar nicht mehr.

Meine Erfahrung ist, dass die Momente, in denen wir uns unserem Kind gegenüber als unvollkommen, schwach oder fehlerhaft zeigen, die Momente sind, in denen die größte Nähe zum Kind entsteht. Wissen Sie, was ich meine? Haben Sie es schon erlebt?

Wer daran Zweifel hat, dass Schwäche Stärke hervorbringen kann, dem sei das Buch „Verletzlichkeit macht stark" von Brené Brown empfohlen. Als Professorin forscht sie u.a. über Verletzlichkeit und innere Stärke.

Zum Thema Entschuldigen möchte ich noch eine Ergänzung machen, da meine ältere Tochter mir im Alter von 12 Jahren rückmeldete: „Weißt du Mama, es ist schon gut, dass du dich entschuldigen kannst. Aber eine Entschuldigung ist kein Freifahrtschein. Du musst doch auch vorher nachdenken, was du machst und dich nicht einfach nur entschuldigen, sonst hat man als Kind das Gefühl, dass du es nicht ernstmeinst." Ich finde, da hat sie verdammt recht und mein schönes Kartenhaus „Ich kann mich entschuldigen!" fiel zusammen. Seither bemühe ich mich also darum, erst gar nicht in eine Situation zu kommen, für die ich mich entschuldigen müsste. Kinder lehren uns viel, wenn wir sie lassen.

Stärkung gefällig?

Der liebevolle Blick

Wie im vorangegangenen Kapitel bereits erwähnt, ist Blickkontakt aus meiner Sicht sehr wichtig. Die Steigerung davon ist der liebevolle Blick. Wenn es Ihnen möglich ist, Ihr Kind liebevoll anzusehen, tun Sie dies ganz bewusst und lächeln Sie es an. Dadurch spürt es, dass Sie ihm wohl gesonnen sind. Dieser kleine Augenblick kann Wunder wirken und gibt Ihrem Kind das Gefühl, willkommen zu sein und stärkt Ihre Beziehung. Je häufiger Sie ihn einsetzen, desto entspannter wird Ihr Kind.

Zuhören

Nehmen Sie sich Zeit und hören Sie Ihrem Kind genau zu. Was ist ihm wichtig? Versuchen Sie dies durch Nachfragen herauszufiltern. Was möchte es Ihnen sagen? Wenn Sie gerade selbst einiges im Kopf haben und gerade nicht gut zuhören können, sagen Sie dies Ihrem Kind. Bitten Sie es um eine Pause und laden Sie es gleichzeitig ein, Ihnen anschließend erzählen zu können. Meine Erfahrung ist, dass Kinder gut warten können und es schätzen, wenn man ihnen zu der verabredeten Zeit mit offenem Ohr zuhört. Um Ihrem Kind zu zeigen, dass Sie wirklich zugehört haben, können Sie das Wichtigste zusammenfassen und ihm vielleicht sogar noch ein Gefühl nennen, das es vermutlich in der berichteten Situation hatte. Auf diese Art fühlt es sich verstanden und es wird Nähe zwischen Ihnen aufgebaut, weil Sie sich in Ihr Kind hineinfühlen können. Gleichzeitig ist es für Kinder wichtig, ihre Gefühle benannt zu bekommen, damit sie sie selbst besser einordnen und verstehen können.

Körperkontakt

Wie im ersten Kapitel bereits erwähnt, schütten wir bei Körperkontakt das Bindungshormon Oxytocin aus. Wenn es sich für Sie und Ihr Kind gut anfühlt, bauen Sie regelmäßigen Körperkontakt in Ihren Alltag ein. Vielleicht möchten Sie mit Ihrem Baby kuscheln? Oder es im Tragetuch bei sich haben? Möglicherweise ist Ihr Kind schon älter und genießt es noch, wenn Sie seinen Rücken streicheln? Manchmal nimmt Ihr Kind vielleicht auch das Angebot einer Massage an? Achten Sie bitte unbedingt darauf, dass es auch für Ihr Kind angenehm ist!

Anerkennung und positive Rückmeldung

Auch positive Rückmeldungen oder Botschaften können Ihre Eltern-Kind-Beziehung stärken.

Neben der Tatsache, dass es für Kinder grundsätzlich wichtig ist, positive Rückmeldungen sowie Anerkennung zu bekommen, ist es darüber hinaus zentral, dass diese möglichst authentisch sind. Hilfreich ist, wenn Sie Ihr Kind immer wieder aufmerksam betrachten:

Was ist ihm gerade wichtig? Was probiert es aus? Wofür interessiert es sich? Was will es lernen? Was möchte es von mir? Was gibt es mir?

Gleichzeitig bleiben Sie bitte in Verbindung mit Ihren Gefühlen, um zu spüren, wenn Sie etwas erfreut. Sobald Sie ein positives, warmes Gefühl Ihrem Kind gegenüber empfinden, nehmen Sie dies auf und sagen Sie Ihrem Kind beispielsweise:

- Toll, wie du dich freuen kannst!
- Süß, wie du schaust!
- Da hast du dich aber sehr angestrengt!
- Ich habe gemerkt, dass du … wolltest.
- Danke, dass du mich umarmst! Danke, dass du mich küsst oder liebhast.
- Ich habe dich vermisst.
- Schön, dass du da bist.
- Du bist ein Geschenk!

Immer wenn Sie Zuneigung oder Liebe in sich spüren, lassen Sie es Ihr Kind wissen: Ich habe dich lieb! Oder warum nicht auch „Ich liebe Dich!"?

Sollten Sie Sorge haben, dass Sie es zu häufig sagen, kann ich Sie beruhigen, Ihr Kind wird Ihnen zeigen, wenn es dies oft genug gehört hat. Meine Töchter und ich hatten folgendes Abendritual: Ich fragte sie jeden Abend beim Einschlafen: „Habe ich dir eigentlich schon mal gesagt, dass ich dich lieb habe/dich liebe?" Meine Tochter antwortete jedes Mal ernsthaft: „Nein." Woraufhin ich entsetzt tat und sie fragte: „Nein, noch gar nie?" „Nein, noch nie." Daraufhin reagierte ich voller Mitgefühl und sagte: „Du bist ja eine arme Maus! Hat deine Mama dir noch nie gesagt, dass sie dich liebhat?" Und meine Tochter antwortete wieder ganz ernsthaft: „Nein, das habe ich noch nie gehört!" Voller Inbrunst sagte ich ihr: „Na, da hast du aber eine Rabenmutter!" Danach folgten alle Liebesbekundungen, die mir einfielen und sich ehrlich anfühlten. Das ging so lange, bis wir lachen mussten.

Dies zelebrierten wir monatelang und ich war überrascht, dass sie es nicht leid wurde. Erst viel später antwortete sie auf meine Frage: „Ja, das hast du schon mal gesagt." Da wusste ich, dass ich es ihr nun seltener sagen konnte und sie es weiß.

Gemeinsam lachen

Worüber können Sie mit Ihrem Kind gemeinsam lachen? Gibt es Situationen, die sie beide lustig finden? Oder haben Sie oder Ihr Kind schauspielerisches Talent? Erzählen Sie sich manchmal Witze? Mag es Ihr Kind, von Ihnen gekitzelt zu werden? Lachen kann angespannte oder stressige Momente entspannen und die Nähe und Wärme wieder herstellen.

Miteinander Zeit verbringen

Bestimmt haben Sie oder Ihr Kind viele Ideen für gemeinsame Aktivitäten. Dies können neben gemeinsamen Spielen, Basteln, Backen, Werkeln natürlich auch Ausflüge in die Umgebung sein. Welche Interessen haben Sie als Kind gehabt oder haben Sie heute und würden Sie gern mal mit Ihrem Kind teilen? Welche Interessen hat Ihr Kind und was würde es gern ausprobieren? Unterstützen Sie es und denken Sie an die Mutter von Steven Spielberg!

Kinder nehmen uns als Vorbild, das bedeutet, dass sie Gelegenheit brauchen, uns beobachten zu können. Und wir überlegen uns, welches Vorbild wir abgeben möchten.

Sich (gemeinsam) an glückliche Momente erinnern

Besondere oder fröhliche Momente, die Sie mit Ihrem Kind gemeinsam erleben, sind beziehungsfördernd. Aus meiner Erfahrung lassen sich Ihre Gefühle steigern, wenn Sie sich immer wieder an die glücklichen Momente mit Ihrem Kind erinnern. Erleben Sie einzelne gelungene Momente vor Ihrem geistigen Auge immer und immer wieder. Versetzen Sie sich in die Situation hinein. Was war da genau? Was fühlten Sie?

Schreiben Sie Ihre glücklichen Momente mit Ihrem Kind regelmäßig auf, dann fällt es Ihnen auch in schlechteren Zeiten leichter, sich an diese zu erinnern. Führen Sie ein Positiv-Tagebuch! Wenn Sie noch keines haben, achten Sie bei

Ihrem nächsten Einkauf ein schönes, leeres Büchlein. Vielleicht bekommen Sie Lust, eines anzufangen.

Gern können Sie sich auch gemeinsam mit Ihrem Kind an schöne Momente erinnern. Das hat den Vorteil, dass Sie beide positive Gefühle haben und sich besser kennenlernen können. Bereichernd ist es, wenn jeder erzählt, was ihm an der Situation gefallen hat.

Oder Sie erzählen sich abends gegenseitig die schönsten Momente des Tages. Alternativ überlegen Sie gemeinsam, welche Erlebnisse am Wochenende oder im Urlaub die besten waren.

Unbeobachtete Spielzeit

Meine Kinder haben es immer sehr genossen, dass sie entweder allein oder auch mit Freunden unbeobachtet Zeit verbringen durften. Ich hatte den Eindruck, dass sie mein Vertrauen genossen und frei explorieren konnten, wie man dazu sagt. Teilweise hatten sie interessante Ideen, brauchten irgendwelches Material und waren dann wieder verschwunden. Tatsächlich haben sie mein Vertrauen nie missbraucht, so dass ich die freie Zeit für mich ebenfalls genießen konnte.

Sich verabschieden

Eine bewusste Verabschiedung, auch wenn es nur für einen kurzen Moment ist, halte ich für ähnlich wichtig, wie die Begrüßung. Es zeigt dem Gegenüber unsere Wertschätzung und gibt einem die Möglichkeit, im Guten auseinander zu gehen. Wenn Sie mit Ihrem Kind vereinbaren, wann Sie sich wieder sehen und was Sie dann gemeinsam machen werden, kann außerdem Vorfreude aufeinander entstehen.

WO BIN ICH?

In diesem Kapitel machen wir uns bewusst, wie wir vorankommen.

Wo stehe ich aktuell?

Halten Sie immer mal wieder inne und ziehen Sie Bilanz:
Wie weit bin ich auf meinem Weg zu meinem dauerhaften Grundgefühl?
Stellen Sie sich eine Skala von 0 bis 10 vor. 0 ist Ihr Startgefühl und 10 das angestrebte Grundgefühl. Wo befinden Sie sich aktuell? Markieren Sie die Stelle!

0   5   10

Was hat Ihnen geholfen, genau hier zu sein und nicht bei einem Punkt weniger?

Versuchen Sie, davon mehr zu machen!
Überlegen Sie sich, was Sie darüber hinaus gern ausprobieren möchten. Was könnte noch zu Ihnen und Ihrem Kind passen?
 Was könnte Ihnen beiden guttun?

Probieren Sie es aus!

Alles Sch...!

Wenn Sie bei der oben genannten Skala über eine längere Zeit bei derselben Zahl stagnieren und den Eindruck haben, sie kommen mit Ihrer Mutterliebe nicht voran, gibt es aus meiner Sicht noch eine letzte Übung:
Stellen Sie sich vor, Ihrem Kind würde es nicht gut gehen und es wäre vielleicht sogar ernsthaft erkrankt. Stellen Sie sich die Situation genau vor.
Wie geht es Ihrem Kind? Wie sieht sie Ihr Kind an?

Wie geht es Ihnen in dieser Situation? Was fühlen Sie?

Wie ginge es Ihnen, wenn Ihr Kind nicht mehr da wäre? Wo spüren Sie das?

Vielleicht können Sie noch einen Schritt weitergehen und sich überlegen, was Sie bereit zu tun wären, damit es Ihrem Kind besser ginge?

Machen Sie sich diese tiefen Gefühle bewusst. Wenn Sie das nächste Mal den Eindruck haben, Ihre Mutterliebe wird nicht stärker, rufen Sie diese Gefühle wieder in sich hervor.

Wenn sich dennoch an Ihrer Zuordnung auf der Skala gar nichts verändert, empfehle ich Ihnen, sich therapeutische Hilfe zu suchen. Dort können Mütter mit Unterstützung die „Sprache ihres Babys" lernen. Auch der beruhigende Körperkontakt und die Babymassage wird gemeinsam geübt. Treffen mit anderen Müttern, bei denen eine Expertin wichtige Fragen klären und Tipps im Umgang mit dem Kind geben kann, sind hilfreich. Es geht darum, dass sich die Mutter viele Tipps und Tricks abschauen kann und langsam in ihre neue Rolle hinwachsen darf. Und schließlich ist auch die Arbeit mit Vätern und Angehörigen ein ganz wichtiger Bereich, um die Mutter zu entlasten.

Relax!

Die Vielzahl der Methoden macht Ihnen jetzt vielleicht Angst oder Stress und Sie fragen sich, wie Sie diese in Ihrem Alltag unterbringen sollen. Mir persönlich fielen die Methoden erst nach und nach ein. So versuchte ich es einige Zeit mit einer Methode, probierte später eine andere aus, wenn sie mir sinnvoll erschien. Die Methode, die sich in der aktuellen Phase gewinnbringend anfühlte, führte ich weiter. Es war eine Phase mit Versuch und Irrtum, aber ohne Druck. Den einzigen Druck, den ich hatte, war, mein Gefühl baldmöglichst zu stärken. Nachdem ich feststellte, dass ich mich diesem Ziel langsam, aber stetig annäherte, ließ dieser Druck nach und das Experimentieren bekam einen spielerischen Charakter: Heute habe ich hierauf Lust, morgen versuche ich dies, übermorgen mache ich mal wieder das etc.
Daraus ergibt sich meiner Meinung nach folgende Herangehensweise für Sie: Welche Methode spricht Sie aktuell am meisten an?

Welche können Sie ab sofort anwenden?

Wann ist ein guter Zeitpunkt dafür? Wann haben Sie am meisten Ruhe für Neues?

Was brauchen Sie noch?
Was hält Sie davon ab? Sprechen Sie mit Ihren Freunden darüber!

Wenn Sie eine Methode ein paar Mal ausprobiert haben, fragen Sie sich:
Was bringt mir diese Methode?

Spüre ich eine Veränderung?

Was gefällt mir daran?

Was stört mich?

Wie kann ich die Methode verändern, damit sie besser zu mir passt?

Möchte ich eine andere Methode ausprobieren? Wenn ja, warum? Wenn ja, welche? Warum diese?

Abschließend noch ein paar Tipps:

- Sicher macht es wenig Sinn, sich jeden Tag alle Methoden vorzunehmen. Die Stärkung der Mutter- oder Vaterliebe soll auf keinen Fall in Stress ausarten. Je mehr Stress Sie sich machen, desto weniger wird es eine Veränderung geben, denken Sie an Ihr Gehirn! Lassen Sie sich Zeit. Haben Sie Geduld mit sich und Ihrem Kind! Und denken Sie an etwas Schönes.

- Kennen Sie eine Person, die Interesse hat, Sie auf diesem Weg zu begleiten? Wenn Sie jemanden haben, mit dem Sie sich austauschen können, geht es bestimmt leichter.

- Der stete Tropfen höhlt den Stein. Lieber nur eine Methode anwenden, dafür möglichst häufig und regelmäßig wiederholen.

- Wenn Sie den Eindruck haben, Sie müssten eine Methode auf Ihre Situation anpassen und verändern, können Sie das gerne tun. Fühlen Sie sich frei! Alles, was Sie auf Ihrem Weg weiterbringt, ist ein Gewinn!

LET´S CELEBRATE!

Leider neigen wir meist dazu, unsere Erfolge kleinzureden. Dabei ist es wichtig, sich seine Leistung oder Veränderung bewusst zu machen und die Mühe anzuerkennen, die wir uns geben.

Daher ist dieser Punkt in meinen Augen wichtig und lustvoll. Ich würde ihn, würde ich diesen Prozess nochmals durchmachen, groß aufziehen.

Beglückwünschen Sie sich, wenn Sie feststellen, dass Sie etwas gut machen oder auf Ihrem Weg eine liebevollere Mutter oder ein liebevollerer Vater zu werden, einen Schritt weitergekommen sind. Freuen Sie sich über jeden Ihrer Erfolge und seien sie noch so klein!

Fragen Sie sich regelmäßig:

Welchen kleinen Schritt habe ich geschafft?

Womit möchte ich mich belohnen?

Wann werde ich mich belohnen?

Wer darf mit mir gemeinsam feiern?

Sie haben sich auf den Weg gemacht und ringen jeden Tag Ihrem Kind zuliebe mit sich selbst.

Ist Ihnen bewusst, dass das allein schon eine unglaubliche Liebeserklärung an Ihr Kind ist?

Ich wünsche Ihnen von Herzen viel Kraft, Geduld und ein liebevolles Grundgefühl.

Passen Sie auf sich und Ihr Kind auf!

Ihre Ida Brandner

NACHWORT

Zu meiner großen Freude sind gerade in der letzten Zeit Bücher veröffentlicht worden, die das Muttersein und -werden in ein neues Blickfeld rücken. Ich habe den Eindruck, dass sich immer mehr Mütter trauen, genauer hinzuspüren und feststellen, dass ihre Vorstellung vom Mutterwerden nicht mit der Realität übereinstimmt. Sie verdrängen ihre Wahrnehmungen nicht länger, weil sie möglicherweise unpassend sind, sondern trauen sich im Gegenteil, die angestaubte Rolle, die selbstverständlichen Annahmen und den Druck, den sie spüren, zu hinterfragen. Und sie hinterfragen nicht nur, sie möchten es alle wissen lassen: Mit ihren Fakten rütteln sie auf und wach!

Annika Rösler und Evelyn Höllrigl Tschaikner (2023) wurden in meinem Buch ein paar Mal zitiert und benennen sogar ihr Buch nach ihrer Erkenntnis: „Mythos Mutterinstinkt".

Auch der Buchtitel „Muttertät" von Svenja Krämer und Hanna Meyer (2023) spielt auf die eingangs erwähnte Übergangsphase ähnlich der Pubertät an, daher der Name. Hier gibt es neben neuen Forschungsergebnissen Erfahrungsberichte junger Mütter.

Des weiteren beschäftigt sich Chelsea Conaboy (29023) in ihrem Buch „Mutterhirn – Was mit uns passiert, wenn wir Eltern werden" mit den neuesten Forschungsergebnissen rund um unser Gehirn. Welche neuronalen Veränderungen finden durch die Hormonflut bei der Geburt und danach statt? Ist unsere Wahrnehmung noch dieselbe?

Das sind wunderbare Bücher, die einladen, das Muttersein neu zu denken, mit einem anderen Verständnis! Viel Spaß beim Lesen und Entlasten!

Man darf gespannt sein, welche weiteren neuen Ansichten und Erkenntnisse in nächster Zeit den Weg in die Öffentlichkeit finden werden. Bestimmt gibt es bald noch viele mehr!

Auf dass alle junge Mütter und ihre Familien weniger Druck und dafür mehr Verständnis und Unterstützung spüren dürfen!

LITERATURVERZEICHNIS

Auffenberg, Lisa und Kratzer, Anne: „Sich öffnen": Sehnsucht nach Verbundenheit; Artikel in Psychologie heute, Januar 2021

Bode, S. (2020). Kriegsenkel: Die Erben der vergessenen Generation (28. Auflage). Klett-Cotta.

Bode, S. (2004). Die vergessene Generation: Die Kriegskinder brechen ihr Schweigen, Klett-Cotta.

Brown, B. (2017). Verletzlichkeit macht stark: Wie wir unsere Schutzmechanismen aufgeben und innerlich reich werden (7. Auflage). Goldmann.

Brown, B. (2016). Laufen lernt man nur durch Hinfallen: Wie wir zu echter innerer Stärke finden (1. Auflage). Kailash Verlag.

Cori, J. L. (2018). Wenn die Mutterliebe fehlte: Wie wir das ungeliebte Kind in uns entdecken und heilen. Kösel Verlag.

Forward, S. (2015). Wenn Mütter nicht lieben: Töchter erkennen und überwinden die lebenslangen Folgen (10. Auflage). Wilhelm Goldmann Verlag.

Fredrickson, B. L. (2011). Die Macht der guten Gefühle: Wie eine positive Haltung ihr Leben dauerhaft verändert. Campus Verlag GmbH.

Gebauer, K./ Hüther, G. (2011). Kinder brauchen Wurzeln: Neue Perspektiven für eine gelingende Entwicklung (6. Auflage). Patmos Verlag der Schwabenverlag.

Hornstein, Dr. Ch. (16./17.03.2023). Vortrag „Rundum gesund?! Die psychische Gesundheit von (werdenden) Eltern mit Babys und Kleinkindern stärken" in Radolfzell

Juul, J. (2008). Nein aus Liebe: Klare Eltern - Starke Kinder. Beltz Verlag.

Jürgensmeier, G. (Hrsg.) (2009). Grimms Märchen: Schneewittchen (5. Auflage). Sauerländer Verlag. S. 165

Hüther, G. (2021). Lieblosigkeit macht krank: Was unsere Selbstheilungskräfte stärkt und wie wir endlich gesünder glücklicher werden. Verlag Herder.

König, V. (2021). Bin ich traumatisiert?: Wie wir die immer gleichen Problemschleifen verlassen (4. Auflage). Gräfe und Unzer Verlag.

Lüdeke, Christina (2021, 23. August). Mutterliebe. https://www.planet-wissen.de/gesellschaft/familie/muetter/pwiemutterliebe100.html

Meyer-Legrand, I. (2016). Die Kraft der Kriegsenkel: Wie Kriegsenkel heute ihr biografisches Erbe erkennen und nutzen. Europa Verlage GmbH

MDR-Wissen-Redaktion (2023, 01. Juni). Stimmt. Zu viele Kaiserschnitte in Deutschland. https://www.mdr.de/wissen/faktencheck/faktencheck-kaiserschnitt-100.html3

Nehls, M. (2022). Das erschöpfte Gehirn: Der Ursprung unserer mentalen Energie – und warum sie schwindet (2. Auflage). Wilhelm Heyne Verlag.

Rösler, A./ Höllrigl Tschaikner, E. (2023). Mythos Mutterinstinkt: Wie moderne Hirnforschung uns von alten Rollenbildern befreit und Elternschaft neu denken lässt. Kösel Verlag.

Schickedanz, H. (2014). Vortrag „Frühe Wunden heilen besonders schlecht" bei Auditorium Netzwerk

Storch, M. (2016). Machen Sie doch, was Sie wollen!: Wie ein Strudelwurm den Weg zu Zufriedenheit und Freiheit zeigt (2. Auflage). hogrefe AG

Ustorf, Anne-Ev, Artikel „Zu gut fürs Kind?": Psychologie heute, Februar 2010; S 46-49, Julius Beltz GmbH & Co KG, Weinheim.

Wardetzki, B. (2021). Weiblicher Narzissmus: Der Hunger nach Anerkennung. Kösel Verlag.

Wikipedia am 01.06.2023:

Mutter. (2023, 01. Juni). In Wikipedia.
https://de.wikipedia.org/wiki/mutter

Mutterliebe. (2023, 01. Juni). In Wikipedia.
https://de.wikipedia.org/wiki/mutterliebe

Vater. (2023, 01. Juni). In Wikipedia.
https://de.wikipedia.org/wiki/vater

Vaterliebe. (2023, 01. Juni). In Wikipedia.
https://de.wikipedia.org/wiki/vaterliebe

DANKSAGUNG

Mein größter Dank gilt allen Menschen, die mir im Laufe meines Lebens mit Liebe und Herzenswärme begegnet sind. Ihr alle habt mein Leben bereichert und dazu beigetragen, dass ich mein Ziel, mehr Mutterliebe zu fühlen, erreichen konnte. Denn nur wer Zuneigung kennt und empfängt, kann sie weitergeben.

Besonders herzlich möchte ich mich bei meiner Freundin Tamara bedanken, denn ohne ihre Idee, dieses Buch zu schreiben und ihren Glauben daran, dass das Thema für andere wichtig sein könnte, hätte ich mit dem Schreiben nie begonnen. Es freut mich besonders, dass sie während des Schreibprozesses schwanger wurde und nun ihr Baby in den Armen hält. Alles Gute für euch! Ich danke dir für deine Freundschaft und Inspiration!
Ebenso herzlich möchte ich meiner langjährige Freundin Karin danken, die mir immer treu zur Seite stand und mit der ich u.a. viele Gespräche über Mutterliebe und Muttersein führte. Vielen Dank für deine aufrichtige Freundschaft! Danke dir, liebe Ellie, für deinen Glauben an mich und deine unermüdliche Unterstützung bei diesem Buch! Beides war so motivierend und tut unglaublich gut!
Und dir liebe Ev, herzlichen Dank für deine jahrelange Freundschaft, dein offenes Ohr und unser gemeinsames unerschöpfliches Interesse an Psychologie.
Meine liebe ehemalige Klassenkameradin Melly begleitet mich nun schon über 30 Jahre. Ich danke dir für deine lieben Worte und unseren regelmäßigen Austausch über die Liebe und das Leben. Ich freue mich schon auf die nächsten 30 Jahre!.
Sehr dankbar bin ich auch Andrea, die für mich nicht nur mit ihrer Mutterliebe ein Vorbild war, sondern auch mit ihrer Herzlichkeit und Offenheit allgemein. Du tust nicht nur den Kindern gut! Ich danke dir für deine langjährige Freundschaft, deinen Humor und einfach für dein „Sein"!

Danke dir, liebe Gesina für deine wertvollen Muttertipps und deine aufbauenden Worte in schlechten Zeiten!

Und besonders dir, lieber Martin, da du dich glücklicherweise auf das Abenteuer gemeinsamer Kinder mit mir eingelassen hast. Sonst hätte ich viele Erfahrungen missen müssen. Zudem hast du mein Leben u.a. mit deinem psychologischen Knowhow immer bereichert und alle meine Projekte jederzeit unterstützt. Ich danke dir von Herzen dafür und für deine Beständigkeit in allen Stürmen an meiner Seite!

Und schließlich den größten Dank meinen beiden Töchtern: Ich lerne so viel von und durch euch! Ihr seid das größte Geschenk. Insgesamt ist es eine wahre Freude eure Mutter zu sein. Ich bin sehr dankbar, dass es euch gibt!